Loslassen und weitergehen

Loslassen und weitergehen

Schritte in den Ruhestand

Wunibald Müller

Patmos Verlag

VERLAGSGRUPPE PATMOS

**PATMOS
ESCHBACH
GRÜNEWALD
THORBECKE
SCHWABEN**

Die Verlagsgruppe
mit Sinn für das Leben

Für die Schwabenverlag AG ist Nachhaltigkeit ein wichtiger Maßstab ihres Handelns. Wir achten daher auf den Einsatz umweltschonender Ressourcen und Materialien.

Alle Rechte vorbehalten
© 2017 Patmos Verlag der Schwabenverlag AG, Ostfildern
www.patmos.de

Umschlaggestaltung: Finken & Bumiller, Stuttgart
Textredaktion: Dr. Peter Schäfer, Gütersloh (www.schaefer-lektorat.de)
Gestaltung und Satz: Schwabenverlag AG, Ostfildern
Druck: CPI books GmbH, Leck
Hergestellt in Deutschland
ISBN 978-3-8436-0885-5 (Print)
ISBN 978-3-8436-0886-2 (eBook)

Inhalt

Vorwort	9
1. Nimm Abschied, um neu beginnen zu können	**12**
Sich zurückziehen und sich selbst besuchen	13
Sich in den Abschied „einüben"	17
Mit einem Bein im alten Leben und einem Bein im neuen	20
Radikal Abschied nehmen	23
Loslassen, um es zu behalten	24
Was ich Ihnen an die Hand geben möchte:	26
2. Rechne mit dem Besuch der Dame in Schwarz	**28**
Vertrautes und Gewohntes wird uns fortgenommen	29
Nimm dich nicht so wichtig	32
Den seelischen Schmerz zulassen	35
Um zwölf Uhr mittags beginnt der Untergang	37
Aufschub und Rebellion	40
Sich angemessen mit der Wirklichkeit auseinandersetzen	42
Was ich Ihnen an die Hand geben möchte:	44
3. Sei bereit zu Aufbruch und Reise	**46**
„ … droht Erschlaffen"	47
Der Thomas Merton in mir	49
Bei mir zuhause sein	51
Weiter schreiben, Vorträge halten und Gespräche führen	53
Das Privileg, selbst über seine Zeit verfügen zu können	56
„Wir irren vorwärts"	57
Trau deiner Seele	60
Was ich Ihnen an die Hand geben möchte:	62
4. Gestalte deinen Tag und lasse dich überraschen	**64**
Dem neuen Leben eine Gestalt geben	65
Traumarbeit	65
Beten	68

Schweigen und Stille _____ 71
Bisherige Tätigkeiten und Leidenschaften weiterführen _____ 72
Neue Bereiche _____ 75
Sich überraschen lassen _____ 76
Was ich Ihnen an die Hand geben möchte: _____ 79

5. Sorge für dich _____**80**
Ich bin mein Leib _____ 81
Sich bewegen _____ 84
Das Fleisch ist das Eingangstor zum Heil _____ 86
Unser Alter darf man uns ansehen _____ 87
„Wenn du den Körper berührst, beginnt der Vogel,
sein Liebeslied zu singen" _____ 89
Innige Beziehungen pflegen _____ 90
Keine Lügen und Tricks mehr _____ 94
Großherzig sein _____ 95
Was ich Ihnen an die Hand geben möchte: _____ 97

6. Gehe in Frieden, nimm dir Zeit zum Erinnern und sei dankbar _____**99**
In Frieden gehen _____ 100
Jedes gute Wort, das uns geschenkt wird, im Herzen speichern _____ 102
In unseren Erinnerungen schwelgen _____ 104
Unsere Vergangenheit aufleben lassen _____ 106
Innehalten _____ 109
Die Ernte einfahren _____ 111
Das Leben ausklingen lassen _____ 112
Was ich Ihnen an die Hand geben möchte: _____ 114

7. Zurück zur Natur! _____**115**
Dem Rhythmus der Natur folgen _____ 115
Die Langsamkeit entdecken _____ 118
Im Augenblick leben _____ 119
Jetzt ist die Zeit, auf die es ankommt _____ 122
Umkehren und wie ein Kind werden _____ 125

Einen Zugang zu unseren natürlichen Gefühlen finden	126
Die Handbremse lockern und leben	128
Uns nicht länger von unserem Beruf her verstehen	129
Leben ohne Warum	133
Was ich Ihnen an die Hand geben möchte:	135
8. Lebe dein Leben	**136**
Was leben will, leben lassen	137
Eine Gratwanderung	139
Neue Herausforderungen	143
Alles wegmachen, was uns entstellt hat	144
Unser Leben voll-enden	146
Existenzielle Schuld	148
Durchs Leben tänzeln	150
Was ich Ihnen an die Hand geben möchte:	153
9. Gehe den Weg nach innen und lasse los	**154**
Uns unserer inneren Welt zuwenden	154
Ein mühevoller Weg	157
Lasse los	160
Gehe zu deinem Grunde	163
„Wir tragen die Wunder in uns, die wir außen suchen"	166
Was ich Ihnen an die Hand geben möchte:	169
10. Stelle dich deiner Endlichkeit	**170**
Wenn der Tod uns nahe rückt	171
Sich dem Leben zuwenden, ohne sich vom Tod abzuwenden	175
„Alles vergeht, Gott aber bleibt"	177
Die Dame in Schwarz will mich an meine Endlichkeit erinnern	178
Wesentlicher werden	180
Sei gelassen	183
Was ich Ihnen an die Hand geben möchte:	185
Epilog	186
Literatur	190

Vorwort

Ich empfehle Ihnen, dieses Buch zu lesen, wenn Sie sich auf den Ruhestand vorbereiten oder sich bereits im Ruhestand befinden. Es ist nicht überraschend, so mögen Sie sich sagen, dass der Autor sein eigenes Buch empfiehlt. Doch ich meine es ernst. Ich bin davon überzeugt, dass Sie, wenn Sie das Buch lesen, manche Fehler, die ich gemacht habe, nicht machen werden. Manches andere werden Sie als gute Hilfe für die Gestaltung, vielleicht auch für die Bewältigung Ihres Ruhestandes gebrauchen können. Ich habe es jedenfalls im Nachhinein bedauert, nicht ein vergleichbares Buch vorher gelesen zu haben. Erst bei der Arbeit an diesem Buch habe ich mich mit anderen Büchern, die sich dem Ruhestand oder dem Übergang vom aktiven Berufsleben zum Ruhestand widmen, beschäftigt. Dazu zählen unter anderem das Buch „Die innere Freiheit des Alterns" von Ingrid Riedel und vor allem das Buch „The Second Half of Life" von Angeles Arrien. Von Arriens Buch, das in Deutschland unter dem Titel „Acht Tore zur Weisheit. Erfüllung in der zweiten Lebenshälfte" erschienen ist, habe ich mich in besonderer Weise inspirieren lassen.

Doch weit mehr als diesen beiden Autoren verdanke ich meine Einsichten unzähligen Frauen und Männern, die ich schon vor meinem Ruhestand, aber auch während meines Ruhestandes zu ihren Erfahrungen hierzu befragt habe. Unter anderem habe ich mit Professor Konrad Hilpert gesprochen, den ich kurz nach seiner Pensionierung gefragt habe, wie er seinen Abschied gestaltet hat und was ihm seit seinem Weggang von der Universität fehlt. Auch meine alte Studienkollegin Michaela Pilters habe ich befragt: Sie ist noch für wenige Jahre beim ZDF beschäftigt, kümmert sich aber schon jetzt mehr als bisher um ihr Enkelkind und konzentriert sich darauf, „ihr Erbe" in gute Hände zu übergeben. Nicht zuletzt habe ich mich mit einem Taxifahrer ausgetauscht, der mir mitteilte, in zwei Monaten in Rente zu gehen, um dann endlich wieder zu seiner Verwandtschaft in Armenien zu ziehen. Sie stehen für viele andere Menschen, denen ich für ihr bereitwilliges Eingehen auf meine Fragen danke.

Mit diesem Buch gebe ich aber vor allem viel von mir preis. So schreibe ich darüber, wie ich meinen Ruhestand vorbereitet habe, wie es mir ergangen ist, nach 25 Jahren als Leiter des Recollectio-Hauses zum einen Abschied zu nehmen und loszulassen, zum anderen weiterzugehen und neue Perspektiven zu finden. Auch auf die Früchte, die ich ernten durfte, und weitere Themen, die sich aus der neuen Lebenssituation, die eine wichtige Zäsur in meinem Leben darstellt, gehe ich ein. So ist dieses Buch ein sehr persönliches Buch geworden, für das ich auch mein Tagebuch herangezogen habe.

Aber dabei ist es nicht geblieben. So habe ich versucht, meine Erfahrungen und Einsichten zu verallgemeinern, zumindest dort, wo ich den Eindruck hatte, dass sie auch für andere von Hilfe sein können. Ich habe nämlich gemerkt, dass die neue Lebenssituation die Chance mit sich bringt, zu einer neuen Lebenshaltung zu finden, die unser Leben im Ruhestand ungemein bereichert. Da ich Theologe und Psychotherapeut bin, ist es mir ein besonderes Anliegen gewesen, bei der Behandlung des Themas vor allem die psychologischen und spirituellen Aspekte herauszustellen.

Wenn Sie das Buch lesen, werden Sie erfahren, dass ich manches bei meinen Schritten in den Ruhestand bereut habe. Nicht bereut habe ich, dieses Buch geschrieben zu haben, das mir sehr geholfen hat, vieles klarer zu sehen und besser zu verstehen. Deshalb geht ein großes Danke an den Patmos Verlag, der mich dazu motiviert hat, das Buch zu schreiben.

Wunibald Müller

1. Nimm Abschied, um neu beginnen zu können

Jetzt hat der Abschied vom Recollectio-Haus stattgefunden. Am ersten Arbeitstag danach wache ich auf und wundere mich, dass ich so fröhlich bin. Ich fühle mich frei, ja geradezu befreit. Ich gehe mit unserem Hund hinaus auf die Felder vor unserem Haus, atme die frische Morgenluft ein und fühle mich einfach nur erleichtert. Es ist gut so, sage ich in meinem Innern, und meine Seele bestätigt das durch ein Gefühl von Gelassenheit und Zuversicht, die sich in mir breitmachen.

In der Main-Post ist ein Artikel von Christine Jeske über die Abschiedsfeier mit der Überschrift „Auf Wiedersehen Wunibald Müller" erschienen. Ich finde das sehr schön, und es tut mir sehr gut. Ja, ich werde sicher den einen oder anderen der Menschen, die ich in den vergangenen Jahren im Recollectio-Haus getroffen und mit denen ich zusammengearbeitet habe, wiedersehen, und das ist gut so und das will ich auch. Doch zugleich mache ich mir auch nichts vor:

Diese Zeit ist vorbei. Mein Bruder Benedikt, der bei der Abschlussfeier für mich eine kleine Rede gehalten hat, erzählte mir, dass ein Kollege von ihm, der in den Ruhestand gegangen war, die erste Zeit jeden Tag an der alten Arbeitsstätte auftauchte und offensichtlich gar nicht merkte, dass die alten Kollegen und Kolleginnen einfach keine Zeit hatten, sich mit ihm zu befassen, ja, dass er ihnen mit der Zeit auf die Nerven ging. Das wird mir nicht passieren.

Ich habe meine Arbeit abgeschlossen. Jetzt habe ich mein Arbeitsverhältnis beendet. Auch wenn das Recollectio-Haus meine Idee war und ich es stark mitgeprägt habe, ist es doch nicht mein Recollectio-Haus. Ich habe keinen Anspruch darauf. Ich trage aber auch keine Verantwortung mehr dafür. Dass ich es wirklich loslasse, daran muss ich noch arbeiten, zu sehr war es in den vergangenen Jahren ein Teil von mir. Das wird noch etwas Zeit brauchen, die ich mir zugestehen will. Da wird mir aber der Abstand, an den ich mich eisern halten werde, sicher sehr helfen.

(AUS MEINEM TAGEBUCH)

Sich zurückziehen und sich selbst besuchen

Nicht länger die Verantwortung für etwas zu haben, wofür man über Jahrzehnte die Verantwortung trug, kann – so meine Erfahrung – zunächst zu einer großen Erleichterung beitragen. So erging es mir jedenfalls, als ich nach 25 Jahren die Leitung des Recollectio-Hauses abgab und in den Ruhestand ging. Offensichtlich lastete diese Verantwortung doch schwerer auf mir, als ich bisher vermutet hatte. In den letzten zwei, drei Jahren gab es Phasen, in denen ich mich aufraffen musste weiterzumachen, in denen es mir nicht mehr so leicht von der Hand ging, das Tagesgeschäft zu erledigen, als mir sogar die Vorstellung half, dass das Ende absehbar ist. Zu der Erleichterung darüber, dass ich die Verantwortung in andere Hände geben konnte, gesellte sich die Erleichterung darüber, dass ich bis zum Schluss durchgehalten habe und den Übergang, so wie ich es mir wünschte, mitgestalten konnte.

Doch wie geht es weiter? Die Zeit des Berufslebens ist zu Ende, ich muss nicht jeden Werktag zur Arbeit gehen, die Routine im Tagesablauf, die in den vergangenen Jahren mein Leben weitgehend geprägt hat, gibt es nicht mehr.

Die Perspektive nämlich, dass mit dem Ruhestand etwas ganz Neues beginnt, geht oft verloren, wenn man an Ruhestand denkt. Zunächst ist da die Vorstellung: Jetzt kann ich mich endlich zurücklehnen, jetzt ist die Zeit des Stresses und des „Du musst" vorbei. Und es stimmt auch, dass man nicht mehr tagtäglich der Spielball in den Händen des Arbeitgebers ist. Das alles stimmt. Aber man ist noch längst nicht am Ende des Lebenskampfes angekommen. Es ist längst noch nicht alles erledigt. Zumindest dann, wenn ich mich auf dem, was ich bisher erreicht habe, nicht ausruhen will, sondern will, dass es kraftvoll und lebendig weitergeht, dass mein Leben spannend und sinnvoll bleibt.

Doch der Neubeginn braucht Zeit. Ich kann nicht einfach einen Schalter drücken – und dann ist das Neue da. Ich muss mir Zeit lassen, innehalten, brüten, aufmerksam hinhören, was sich in mir meldet. Es ist einer Inkubation vergleichbar, in der ähnlich wie beim Ei eine bestimmte Zeit vergeht, bis etwas Neues ausgebrütet wird. Ja, man kann dieses neue Leben tatsächlich mit einer Neugeburt vergleichen.

In dieser Zeit müssen wir uns mehr, als es sonst der Fall ist, schonen. Wir müssen uns zurückziehen können. Wir müssen uns selbst gestatten, uns die Zeit zu lassen, die wir brauchen, also geduldig abzuwarten, bis es so weit ist. Dabei bringt uns unsere Umwelt hoffentlich die notwendige Geduld entgegen.

Heute würde ich sagen, es wäre gut gewesen, wenn ich mir nach meinem Abschied aus dem Recollectio-Haus tatsächlich zunächst eine Auszeit gegönnt hätte. Über so viele Jahre habe ich andere begleitet, die sich im Recollectio-Haus eine solche Zeit gegönnt haben. Auch habe ich unzählige Personen dazu ermutigt, das zu tun. Ich erinnere mich nun an vereinzelte Hinweise von Leuten, mit einer solchen Auszeit die neue Lebensphase zu beginnen. Einige meinten sogar, dass man sich ein Jahr Zeit lassen sollte, um dann für sich zu entscheiden, wie es beruflich und persönlich weitergehen könnte.

Ich merke zunehmend, wie sehr ich mich in den vergangenen Jahren verausgabt habe. Ich brauche dringend Zeit, mich mehr, als das bisher geschehen ist, mir selbst zu widmen. Das, was ich in den vergangenen Jahren anderen immer gepredigt habe, mir selbst zu gönnen. Damit erkläre ich zumindest mein augenblicklich großes Verlangen nach Ruhe und Rückzug. Mich einfach nicht um andere kümmern zu müssen. Ich erinnere mich an die einführenden Worte von Henri Nouwen in seinem Buch über Rembrandts Darstellung des verlorenen Sohnes. Er berichtet davon, wie er nach einer anstrengenden Reise mit vielen Vorträgen heimkommt und sein Blick auf diese Darstellung fällt. In diesem Moment kommt er mit seiner Erschöpfung in Berührung und dem großen Verlangen, in den Armen eines anderen aufgefangen zu werden. Endlich einmal nichts mehr tun zu müssen, endlich Ruhe zu finden, anzukommen. Ich muss an mein Gespräch mit John Eudes Bamberger, dem ehemaligen Abt von Genesee denken, der Henri Nouwen während seines Aufenthaltes dort begleitete und mir sagte, dass Henri Nouwen ein Leben lang restless (rastlos) gewesen sei, also nicht zur Ruhe gekommen sei. Trifft das auch auf mich zu? Zumindest kenne ich die Seiten an mir, die mich antreiben, die es mir nicht so richtig erlauben, einfach einmal nichts zu tun, öfters „Nein" zu sagen, wenn andere etwas von mir wollen. Da noch ein dringendes Gespräch zu führen, dort noch einen Artikel zu schreiben oder Vortrag zu halten. Hätte ich vielleicht doch einen deutlicheren Schnitt machen und mir erst einmal eine Auszeit gönnen sollen, statt gleich wieder Verpflichtungen einzugehen und das in nicht geringem Umfang? Was hat mich davon abgehalten? Hatte ich Angst davor, wenn ich eine längere Pause mache, vergessen zu werden, nicht mehr angefragt zu werden? Habe ich Angst davor, mich mir selbst zu stellen, mich ohne Tun auszuhalten? Möglicherweise habe ich übersehen, dass ich meiner Seele mehr Zeit lassen muss, notwendige Veränderungen in mir in Gang zu setzen.

(AUS MEINEM TAGEBUCH)

Ich habe die Hinweise, mir eine Auszeit zuzugestehen, nicht wirklich ernst genommen. Ich hatte wohl auch nicht verstanden, wie sehr ich mich in den vergangenen Jahren verausgabt hatte. Inzwischen merke ich aber, dass es gut gewesen wäre, mir eine solche Auszeit zu gönnen und nicht gleich wieder therapeutische und geistliche Gespräche zu führen und Vorträge zu halten. Ich habe übersehen, dass ich auch in meine Seele, in mein Innerstes blicken und mir dafür Zeit nehmen muss.

Was ich keineswegs bereue, ist, über meine Erfahrungen in dieser Übergangszeit zu schreiben. Das ermöglicht es mir, über mich nachzudenken und damit meinem Bedürfnis nach einer Innenschau nachzukommen. Es ist vermutlich meine persönliche Art, in mich hineinzuhorchen und mir Zeit für wesentliche Fragen wie diese zu nehmen: Wie soll es nun eigentlich weitergehen? Andere Menschen haben andere Möglichkeiten gefunden, um solche Fragen mit sich selbst auszumachen: Sie malen, machen geführtes Zeichnen, wandern und pilgern, um so Abstand zu dem einzunehmen, was sie bisher in Beschlag genommen hat. Dann suchen sie nach dem, was sie in ihrem

Beschäftigtsein nicht beachtet haben. C. G. Jung spielte in einer schwierigen Lebensphase im Sand oder malte Mandalas, um mit den Regungen seiner Seele in Berührung zu kommen. Andere fechten oder betreiben aktive Imagination, um sensibler zu werden für die tieferen Einsichten, die aus unserer Tiefe aufsteigen. Für mich ist es auch wichtig, in der Ruhe sensibel dafür zu werden, was Gott mit mir vorhat.

Sich in den Abschied „einüben"

Um etwas neu beginnen zu können, muss ich mich von dem verabschieden, was nicht mehr ist. Auch das braucht seine Zeit. Ich habe gute Erfahrungen damit gemacht, mich schon vor dem eigentlichen Abschied innerlich auf den Abschied einzustellen. Der eigentliche Abschied war dann für mich nicht zu abrupt. Ich übte mich täglich im Loslassen. Wenn es möglich war, blieb ich, öfter als es früher der Fall war, zu Hause und ging bewusst nicht ins Recollectio-Haus. Ich wollte ausprobieren, wie es mir damit geht, nicht ständig präsent zu sein, nicht zu schauen, dass alles richtig läuft. Dabei war mir sehr wohl bewusst, dass ich als Leiter noch die Hauptverantwortung für das Haus hatte.

Ich bekam schon einen Vorgeschmack darauf, wie sich das anfühlt, nicht mehr ganz oder alleine für etwas verantwortlich zu sein, wofür ich viele Jahre verantwortlich gewesen bin. Manchmal fiel es mir leichter, dann wieder schwerer, nicht länger für Bereiche zuständig zu sein, die ich inzwischen an meinen Nachfolger abgegeben hatte. Ich erwischte mich dabei, wie ich gerne noch mitmischen wollte: Manchmal hatte ich das Gefühl, ohne Zuständigkeiten überflüssig zu sein. Dabei hatte ich es so gewollt. Es gelang mir schließlich nach einer Weile, es zu akzeptieren und die neue Situation bewusst als Chance zu sehen, Stück für Stück loszulassen und meine Aufmerksamkeit auf das Neue zu richten.

Ich bin dabei, mich einzuüben, nicht länger dort Verantwortung zu übernehmen, wo ich keine mehr habe. Heute gab es einen Konflikt zwischen zwei Mitarbeitern, der einen Bereich betraf, der die Zeit nach mir tangiert. Zunächst wollte ich schon intervenieren, bis mir klar wurde: Das fällt nicht mehr in meinen Verantwortungsbereich. Ich benötigte einige Zeit, um das für mich nicht nur zu realisieren, sondern auch zu akzeptieren. Ich muss an Pater Anselm Grün denken, der bei unserer Vorstellungsrunde, wenn wir mit einem neuen Kurs beginnen, immer auch noch erwähnt, dass er jetzt nicht mehr für die Finanzen der Abtei zuständig ist, obwohl das jetzt schon zwei Jahre her ist. Dann geht mir durch den Kopf: Ganz so leicht ist es ihm vielleicht doch nicht gefallen, das loszulassen, sosehr er auch sagt, dass er froh ist. Ich glaube ihm das, kann es aber auch verstehen, dass, wenn ich über 30 Jahre für einen Bereich zuständig war, viel Verantwortung wahrgenommen habe und das auch mit viel Einfluss, Macht und Anerkennung verbunden ist, dass es nicht leicht ist, hier wirklich loszulassen. Ob es mir wohl anders ergehen wird? Oder werde ich auch noch nach Jahren an meiner Arbeit im Recollectio-Haus hängen? Ob ich mir etwas vormache, wenn ich glaube, einen guten Schnitt hinzubekommen, um damit die Voraussetzungen dafür zu schaffen, wirklich etwas Neues anzugehen und aufzubauen? Ich weiß es nicht. Ich will es jedenfalls versuchen.

(AUS MEINEM TAGEBUCH)

Die Loslösung, so stellte ich bei mir fest, vollzieht sich in ganz kleinen Schritten, zentimeterweise, ganz vorsichtig, ganz langsam. Es ist vergleichbar mit dem, was ich von der therapeutischen Begleitung her kenne, bei der ich die Erfahrung mache, dass sich die Veränderung, die Verwandlung, ganz langsam, zunächst kaum spürbar, dann aber immer deutlicher und sichtbarer vollzieht. So erging es auch mir. Es fiel mir zunehmend leichter, mich herauszuhalten, an meinen Nachfolger Aufgaben zu delegieren, mich zurückzuhalten. Zunehmend erlebte ich das als eine Erleichterung. Dabei versuchte ich auch das, was ich in dieser Ablösungsphase tat und erlebte, bewusst zu erleben.

Ich merke, wie ich mich immer mehr löse von dem, was ich gerade tue, was ich in den letzten 25 Jahren getan habe. Es ist ein regelrechtes Mich-Entfernen davon. Ich ziehe mich zurück, lasse los. Ich lasse los: die Verantwortung, ohne sie jetzt ganz loszulassen, da ich ja noch Verantwortung wahrnehmen muss. Doch ich halte nicht länger fest an ihr. Ich bin lockerer. Lasse es ausgleiten. Ich mache dabei die Erfahrung, dass es auch so geht, dass ich unter weniger Druck arbeite und offener dafür bin, was um mich herum geschieht. Mir wird bewusst: Diese Übergangszeit ist nicht weniger wichtig als die Zeit davor und die Zeit danach. Ich lebe jetzt. Darum geht es. Das will ich versuchen. Dann laufe ich am wenigsten Gefahr, diese Zeit einfach hinter mich bringen zu wollen, sie als eine zweitklassig Zeit zu verstehen, der eine wichtige Zeit vorausgegangen ist oder auf die eine wichtige Zeit folgt.

(AUS MEINEM TAGEBUCH)

Als der Rentenbescheid eintraf, signalisierte mir das deutlich, dass es jetzt bald tatsächlich so weit ist, dass ich unabwendbar in eine neue Lebenssituation eintrete, die sich klar von der bisherigen unterscheiden wird. Ich hatte früher immer wieder darüber nachgedacht, wie das wohl sein wird und ob ich überhaupt bis zu diesem Zeitpunkt arbeiten kann und werde. Jetzt stand dieser Zeitpunkt unmittelbar bevor. Ich habe es geschafft. Manchmal konnte ich es gar nicht glauben, dass es so weit ist. Auch kam es mir vor, als sei es schneller eingetreten, als ich gedacht hatte.

Die Höhe der Rente war keine Überraschung. Mir war in den vergangenen Jahren wichtig gewesen, den Zeitpunkt der Rente im Blick zu haben und auch dafür zu sorgen, dass nach menschlichem Ermessen meine Frau und ich genug Geld haben, wenn wir in Rente gehen, um relativ sorgenfrei leben zu können. Das wirkt sich jetzt positiv aus, da wir uns bezüglich unserer wirtschaftlichen Situation keine Sorgen machen müssen. Mir ist bewusst, dass das ein Privileg ist. Es zeigt aber auch, wie wichtig es ist, sich im Vorfeld ernsthaft mit der wirtschaftlichen Situation auseinanderzusetzen und entsprechende Vorsorge zu treffen, um den Ruhestand genießen zu können.

Mit einem Bein im alten Leben und einem Bein im neuen

In der Übergangszeit befindet man sich mit dem einen Bein noch im bisherigen Arbeitsfeld, mit dem andern Bein ist man schon dabei, den neuen Lebensbereich zu betreten. Ich merkte in dieser Zeit, wie ich manchmal unruhig wurde, wenn ich mir vorstellte, was ich alles bis zu meinem Abschied noch erledigen musste. Würde ich es schaffen, bis dahin in meinem Büro im Recollectio-Haus alles Nötige auszuräumen, all die unzähligen Aktenordner, die sich dort im Laufe der letzten 25 Jahre angesammelt haben?

Wenige Wochen vor meinem Abschied erschien das von mir herausgegebene Buch *Deine Kraft ist in den Schwachen mächtig* mit Impulsen aus der Arbeit im Recollectio-Haus. Darin wird anlässlich seines 25-jährigen Bestehens ein Einblick in die Arbeit des Recollectio-Hauses vermittelt. Mein Freund Winfried Nonhoff schrieb mir dazu:

„Wollte nur kurz schreiben, dass ich mit Bewegung den eindrücklichen Band ‚Deine Kraft ist in den Schwachen mächtig' durchgesehen und teilweise intensiv gelesen habe. Wie trefflich kommen die besondere Atmosphäre und die heilende Wirksamkeit von Recollectio zur Sprache! Das ist schon ein Zeichen setzendes Wunderkind eines berührend kompetenten Vaters: Dir also auch alle guten Kräfte in den letzten Wochen Deines segensreichen Wirkens!
Ganz herzlich, Dein Winfried."

Ich saugte diese Worte förmlich auf, kostete sie aus. Sie vermischten sich mit den alltäglichen Sorgen um den Alltagsbetrieb, dem ich nach wie vor für einige Wochen ausgesetzt war und mich natürlich auch ganz stellen wollte. Sie erinnern mich an den Abschied, weisen mich aber auch auf die Zeit danach hin. So lebte ich in einer Art Dreiklang: Konzentration auf das Jetzt, Rückschau und Abschied und immer mehr auch Vorausschau und Vorausplanung. Alles sollte und musste seinen Platz haben.

Ich wollte die aktuelle Arbeit und Verantwortung nicht vernachlässigen und versuchte, mein Bestes zu geben, ließ mich zugleich aber auch von dem Schwung, der von dem Ausklingen ausgeht, mitnehmen. Das ließ mich gelassener sein. Ich spürte nicht mehr den Druck, für alles verantwortlich zu sein.

Das ließ mir etwas Zeit für die Rückschau, vor allem aber für den Blick nach vorne. Dazu gehörte für mich auch, angesichts des Weggangs meinen Platz zu räumen – und das nicht in der allerletzten Minute. Also fing ich an, die Ordner auszusortieren und einen nach dem anderen nach Hause zu bringen. So ging der allmähliche Auszug aus dem Recollectio-Haus einher mit dem allmählichen Einzug in die neue Bleibe. Dabei kam mir entgegen, dass wir vor über einem Jahr umgezogen waren und mir neben meinem Arbeitszimmer ein Zimmer zur Verfügung steht, in dem ich Gespräche führen und meine Unterlagen unterbringen kann. Ich begann damit, meine neue Mailadresse mehr als sonst zu benutzen, alte Texte, die ich hier auf meinem PC im Recollectio-Haus gespeichert habe, auf mein System zu Hause zu übertragen. Zum ersten Mal in meinem Leben ließ ich mir von unserer Tochter Dorothea zu Weihnachten Visitenkarten anfertigen, damit die Leute, die auch nach der Zeit im Recollectio-Haus etwas von mir hören wollen, mich erreichen können. Ich überließ meinem Nachfolger, der es manchmal kaum erwarten konnte, die Leitung zu übernehmen, die eine oder andere Aufgabe, damit er sich einarbeiten konnte.

Ich spüre, wie meine Seele meinen Übergang begleitet. Wie sie alles, was um mich herum geschieht, aufmerksam registriert, mir gleichsam nichts durchgehen lässt, verhindert, dass ich schnell darüberhusche. Auch als ich das letzte Mal im Recollectio-Haus in der Kleingruppe arbeite, regt sich meine Seele. Sie will, dass ich das, was ich jetzt tue, ganz bewusst tue, vollkommen präsent bin, wirklich im Augenblick lebe. Das versuche ich dann auch und gehe richtig auf in dem, was ich jetzt mache, koste es aus, bin einfach da.

Später, als ich mich mit Krisztina, meiner Kollegin, die mit mir die Gruppe leitet, unterhalte, sagt sie, sie habe innerlich ein Bild von der Szene fotografiert, bei der ich einen Teilnehmer, der sich nach einer Übung fallen lassen konnte, in den Armen halte. Ich selbst sehe mich, wie ich dastehe und ihn in den Händen halte. Ich beschließe, dieses Bild in meinem Herzen zu bewahren, sagt es doch für mich viel über mich aus, über meine Arbeit als Psychotherapeut und Theologe, wie ich sie in den vergangenen 25 Jahren verstanden habe. Ich wollte für die Gäste jemand sein, bei dem sie sich angenommen fühlen, ja, bei dem sie die Erfahrung machen dürfen, aufgefangen zu werden, wenn sie sich fallen lassen, wenn sie zu ihrer Schwachheit, zu ihrer Menschlichkeit ste-

hen. In meinem Beratungszimmer hängt Rembrandts Bild vom heimkehrenden Sohn, den der Vater liebevoll in die Arme nimmt. Ich denke voller Dankbarkeit an viele Situationen zurück, in denen ich ein solcher Vater für andere sein durfte.

In diesem Bild entdecke ich in dem heimkehrenden Sohn zugleich mich selbst. Ich sehe mich mit meiner Sehnsucht, immer wieder angenommen, aufgenommen, in den Arm genommen zu werden. Mich fallen lassen zu dürfen, schwach sein zu dürfen, die Erfahrung zu machen: Da gibt es jemanden, der mich hält, vor dem und bei dem ich so sein darf, wie ich bin. Gerade auch in dieser Übergangszeit gibt es Momente, in denen es mir manchmal zu viel wird, ich mich unsicher fühle, ich grüble, wie es wohl sein wird, wenn ich am Morgen nicht mehr den gewohnten Gang ins Recollectio-Haus antrete, mir vielleicht zu Hause die Decke auf den Kopf fällt, es mir viel schwerer fällt als ich dachte, nicht mehr der Chef zu sein, der die Gesamtverantwortung innehat, klar umrissen für etwas zuständig ist und über den dafür notwendigen äußeren „Apparat" verfügt wie Büro, Sekretariat, technische Geräte.

(AUS MEINEM TAGEBUCH)

Radikal Abschied nehmen

Dann war es so weit. Nach 25 Jahren war meine Zeit als Leiter des Recollectio-Hauses zu Ende gegangen. Für mich hat damit ein neuer Lebenskreis begonnen. Mir ist klar, dass ich diesen erst dann wirklich zu einem neuen Lebenskreis machen und die Chancen, die darin liegen, nutzen kann, wenn ich mich von dem alten Lebenskreis radikal verabschiede.

Ich muss an eine Erfahrung von Elisabeth Kübler-Ross denken, die durch einen Brand ihren Bauernhof und alle ihr wichtigen Habseligkeiten verlor. Sie schreibt, sie hätte sich für den Rest ihres Lebens darüber grämen können – was sie nicht tat. Doch sie drehte sich nicht mehr um, traf die Entscheidung, zu tun, was sie lange schon tun wollte, zu ihrem Sohn zu ziehen und alle ihre Energie auf das zu richten und dafür anzuwenden, was sich dadurch an neuen Möglichkeiten für sie eröffnete. Ich weiß nicht, ob sie, die sich viel mit Trauer und Trauerprozessen auseinandergesetzt hat, ihre Trauer zugelassen hat.

Genau das werde ich auch tun. Ich werde mich nicht mehr umdrehen, sondern den Blick nach vorne richten. Ich will dabei den Weg beschreiten, der für eine Weile vielleicht nicht so leicht, aber konsequent ist. Sollte ich merken, dass ich davon abweiche, mich doch wieder, mehr als ich wollte und mir guttut, umdrehe, mich erkundige, wie es auf meiner früheren Arbeitsstätte läuft, werde ich mich wieder auf meinen Weg zurückbegeben. Dabei kommt mir zu Hilfe – und das spüre ich jetzt schon –, dass das Neue, die neuen Möglichkeiten, die ich nun habe, sich schon ankündigen, ich bereits in ihren Genuss komme und sie mir das Abschiednehmen versüßen. Ich habe zunehmend eine Ahnung davon, was ich erwarten darf, wenn ich ganz verfügbar bin für das Neue.

Loslassen, um es zu behalten

Zugleich merke ich, dass ich Abstand vom Recollectio-Haus brauche. Dass ich gar nicht wissen will, was dort augenblicklich geschieht. Diesen Abstand werde ich auch einhalten. Das große Ziel ist es, mit der Zeit das Recollectio-Haus ganz hinter mir zu lassen, nichts mehr mit dem laufenden Betrieb zu tun zu haben. „Immer wieder lassen, damit es dir bleibe...", schrieb mir mein Freund Pierre Stutz zum Abschied. Immer wieder lassen, also loslassen, nicht festhalten, damit es mir bleibt. Lasse ich es nicht los, dann verschwindet es wirklich, weil ich es ja nicht festhalten kann, weil es, selbst wenn ich versuche, es festzuhalten, nicht mehr da ist, vorbei ist. Lasse ich es aber, dann lasse ich es bestehen als einen Teil, der zu meinem Leben gehört und der bleibt. Das aber werde ich wie einen kostbaren Schatz hüten, der im Tempel meiner Erinnerungen einen besonderen Platz haben wird, wo ich ihn immer wieder besuchen, betrachten und bestaunen kann. Auf diese Weise bleibt mir das Recollectio-Haus, bleiben mir die vielen Begegnungen ganz unterschiedlicher Art, die ich in dieser Zeit hatte, erhalten.

Bei der Feier zum 70. Geburtstag meines Mitarbeiters P. Meinrad Dufner trug sein Freund Armin Hackl folgendes Gedicht mit der Überschrift *Birthday I* des Südtirolers Sepp Mall vor:

Was dir gehört,
ist das, was du verloren.
Was dir noch bleibt
ist ungeboren.

So sehe ich das auch. Was mir weiterhin gehört, ist das, was war. Ich tue nicht so, als wäre das Recollectio-Haus jetzt noch für mich so da, wie es einmal für mich da war. Ich halte nicht an etwas fest, was für mich in dieser Form nicht mehr existiert. Ich würde meine Kräfte an etwas binden und versuchen, etwas aufrechtzuerhalten, was ich nicht aufrechterhalten kann. Ich brauche diese Kräfte jedoch für das, was ansteht. Ich brauche sie für das, was mir bevorsteht, was noch ungeboren ist und geboren werden will. Dafür will ich aber alle meine Kräfte zur Verfügung haben.

Meine Aufgabe besteht darin, mich radikal auf das zu konzentrieren, was jetzt ansteht. Radikal kommt von *radix*, was mit Wurzel übersetzt werden kann und hier meint, dass man sich wirklich, also nicht nur oberflächlich, sondern grundsätzlich trennen muss. So wie ich eine Pflanze mit ihren Wurzeln herausreißen muss, um ein weiteres Wachsen zu verhindern.

Das mag manchen vielleicht als zu radikal erscheinen. Doch um wirklich ganz frei zu werden für das, was kommen soll, jetzt geboren werden will, muss ich mit aller Entschiedenheit hinter mir lassen, was mich daran hindern könnte. Das schließt mit ein, auch die Trauer und den Ärger zuzulassen, die damit einhergehen. Dem Schmerz nicht aus dem Weg gehen, der spürbar wird, wenn ich etwas herausreiße, was bisher zu mir gehört hat. Diese Gefühle darf ich nicht übergehen, will ich vermeiden, dass sie sich in Depression, Verbitterung oder anhaltender Enttäuschung niederschlagen.

Was ich Ihnen an die Hand geben möchte:

Ich empfehle also, beim Übergang in den Ruhestand einen radikalen Schnitt vorzunehmen. Es geht darum, Abschied zu nehmen von dem, was nicht mehr ist, es radikal hinter sich zu lassen und sich nicht daran festzuklammern. Weiter empfehle ich, sich mit Beginn des Ruhestandes eine Auszeit zu gönnen, sich also Zeit zu lassen, bevor man mit neuen Aktivitäten beginnt. Manche begeben sich zum Beispiel auf eine Pilgerreise, andere machen Exerzitien, wieder andere gehen für eine Weile an einen Ort, den sie von früher her kennen und der ihnen gutgetan hat. Oder sie machen eine Reise, die sie schon immer machen wollten. In dieser Zeit sollten auch alle Gefühle zugelassen werden, die sich einstellen, wenn wir uns von dem verabschieden, was nicht mehr ist, um dann beherzt das anzugehen, was jetzt ansteht. Gute Erfahrungen habe ich auch damit gemacht, mit dem Abschied von der Arbeitswelt bereits vor dem eigentlichen Abschied zu beginnen, das heißt, langsam mit dem Loslassen anzufangen und sich immer wieder Gedanken darüber zu machen, wie es sein wird, wenn der Abschied dann wirklich stattgefunden hat und der Ruhestand beginnt. Für mich war es sehr hilfreich, in dieser Phase bei einer Ordensfrau geistliche Begleitung wahrzunehmen und mich mit einem Freund, der Therapeut ist, regelmäßig zu Gesprächen zu treffen. Auch empfehle ich jedem, sich mit Menschen, die schon im Ruhestand sind, über deren Erfahrungen auszutauschen: Welche Erfahrungen haben diese bei ihrem Übergang gemacht? Wie haben sie ihren Ruhestand gestaltet? Was gefällt ihnen am Ruhestand? Was vermissen sie? Was hätten sie lieber anders getan?

2. Rechne mit dem Besuch der Dame in Schwarz

Jetzt ist sie doch aufgetaucht: die Dame in Schwarz. Ich hatte lange nichts mehr von ihr gehört und sie fast vergessen. Die Dame in Schwarz ist die Depression, die mich immer wieder besucht. Ich habe gelernt, mit ihr zu leben, und sosehr ich auch nichts dagegen habe, wenn sie mich mit ihren Besuchen verschont, weiß ich sie auch zu schätzen. Sie tritt in der Regel zurückhaltend auf. Sie ist nicht so stark, dass sie mich beeinträchtigen würde. Sie hindert mich nicht, die anfallenden, alltäglichen Dinge anzugehen und zu regeln. Aber sie verfinstert den Tag, verdunkelt den Blick auf das Leben an sich und konkret mein Leben. Ich weiß, dass sie nur für eine kurze Zeit bei mir einkehrt. Auch kann ich oft ausmachen, was der Grund für ihren Besuch ist. Es sind äußere Ereignisse, wenn etwas nicht so geklappt hat, wie ich es mir vorgestellt habe, wenn ich Angst habe, dieses oder jenes könnte passieren, oder wenn ich mich körperlich und seelenmäßig übernommen habe und meine innere Ozonschicht, die mich sonst davor schützt, mir etwas zu nahe ge-

hen zu lassen, zu dünn geworden ist. Das sind zumindest die äußeren oder auch inneren Auslöser. Wenn die Dame in Schwarz auftritt, will sie mir aber oft auch etwas sagen. Sie ist eine Botin meiner Seele, und ich bin gut beraten, sie mir anzuhören. Sie will, dass ich meinen Blick auf das richte, was tief unten in mir vor sich geht, manchmal auch brodelt.

(AUS MEINEM TAGEBUCH)

Vertrautes und Gewohntes wird uns fortgenommen

Ich hatte mich schon darüber gewundert, dass ich mich nach meiner Verabschiedung vom Recollectio-Haus zunächst befreit fühlte und es einfach genoss, nicht länger die Verantwortung als Leiter wahrnehmen zu müssen, nicht länger so eng in einen kirchlichen Kontext eingebunden zu sein. Doch mit der Zeit veränderte sich meine Stimmung. Ich hätte es mir auch anders vorstellen können, aber ich wusste auch, dass ich damit rechnen musste.

Wenn ich wirklich dazu bereit bin, mit dem Ruhestand einen radikalen Schnitt zu machen, mich zu verabschieden von dem, was nicht mehr ist, muss ich damit rechnen, dass das mit seelischen Schmerzen, die sich als Traurigkeit oder Depression bemerkbar machen können, verbunden ist. Daher sollten wir uns nicht wundern, wenn die Dame in Schwarz, um diese Umschreibung C. G. Jungs für eine Depression zu gebrauchen, auftaucht. Rainer Maria Rilke schreibt in seinem Büchlein *Briefe an einen jungen Dichter* (1929, 43):

> „Ich glaube, dass fast alle unsere Traurigkeiten Momente der Spannung sind, die wir als Lähmung empfinden, … weil uns alles Vertraute und Gewohnte für einen Augenblick fortgenommen ist; weil wir mitten in einem Übergang stehen, wo wir nicht stehen bleiben können. Darum geht die Traurigkeit

auch vorüber. Das Neue in uns, das Hinzugekommene, ist in unser Herz eingetreten. Ist in seine innerste Kammer gegangen und ist auch dort nicht mehr – ist schon im Blut. Und wir erfahren nicht, was es war. Man könnte uns leicht glauben machen, es sei nichts geschehen, doch haben wir uns verwandelt, wie ein Haus sich verwandelt, in welches ein Gast eingetreten ist."

Ich kannte diesen Text von Rainer Maria Rilke und musste sofort an ihn denken, als sich die ersten Eintrübungen meiner Seele einstellten. Ich fragte mich: Kann es sein, dass unabhängig von dem, was sich außerhalb von mir verändert, in mir selbst eine Veränderung, gar eine Metamorphose, eine Verwandlung stattfindet?

Je länger ich dabei bin, mich mit meiner neuen Lebenssituation vertraut zu machen, je mehr der äußere Tagesablauf sich der neuen Situation anpasst, desto mehr meine ich zu spüren, dass sich auch in mir manches neu ordnet. Ich kann es noch nicht genau beschreiben. Ich stelle fest, dass ich schneller müde werde, gegen Abend nur noch über wenig Energie verfüge und es mir schwerfällt, kreative Gedanken zu entwickeln. Das kann darauf zurückzuführen sein, dass ich älter werde. Es kann damit zu tun haben, dass ich oft schon um 7.00 Uhr in der Frühe am Schreibtisch sitze und schreibe, weil dann meine Gedanken frisch sind, ich Lust verspüre zu schreiben, mir vieles einfach einfällt oder auch zufällt. Doch darauf alleine kann ich meine Müdigkeit nicht zurückführen. Auch ist es nicht nur eine Müdigkeit, die ich wahrzunehmen glaube. Es ist eher eine Traurigkeit, die sich einstellt, wenn ich mich von etwas verabschieden muss, was bisher war, jetzt aber nicht mehr ist oder zumindest nicht mehr so ist, wie es einst war.

(Aus meinem Tagebuch)

Wenn ich zurzeit Vorträge halte, gehen die Veranstalter oft auf meine Tätigkeit im Recollectio-Haus ein und würdigen mich und meine Arbeit. Ich kann das gut hören und annehmen. Es erinnert mich aber auch daran, dass diese Zeit vorbei ist. Auch die Zeit, in der ich wie bisher eine öffentliche Person war. Ich darf und will mir da nichts vormachen. Es gefällt mir, wenn in den Medien über meinen Abschied berichtet wird. Das kann aber nicht darüber hinwegtäuschen, dass das öffentliche Interesse an mir zurückgehen wird und ich nicht mehr so gefragt sein werde, wie das bisher der Fall war.

Darauf will ich mich einstellen. Auch wenn es natürlich auch eine narzisstische Seite in mir gibt, der die neue Situation nicht so sehr gefällt. Mein Weg geht jetzt in eine andere Richtung. Ich werde weiterhin am Leben und auch am öffentlichen Leben teilnehmen. Aber es wird ruhiger um mich werden, und ich werde nichts von mir aus tun, um das zu verändern.

Ein Freund hat mir von einem ehemaligen Chefredakteur einer angesehenen Zeitschrift berichtet, der sich darüber beklagte, aus dem bisherigen Kommunikationsnetz zu fallen, seitdem er nicht mehr Chefredakteur ist, über das er bisher wie selbstverständlich mit vielen Menschen verbunden war. Das mache ihm ganz schön zu schaffen. Ich glaube, die Angst vor dem Verlust ist einer der Gründe, warum viele Personen, die in Amt und Würde sind, es so lange wie möglich hinziehen, bis sie ihren Posten oder ihr Amt abtreten. Wer sind sie dann noch, und vor allem, wen gibt es dann noch, für den sie interessant sind, der etwas von ihnen will? Auch heißt das oft, auf viele Annehmlichkeiten, angefangen von einer Sekretärin bis hin zum Chauffeur, verzichten zu müssen. Ich sehe im klaren Abschiednehmen von einer Tätigkeit, die viele Jahre im Zentrum meines Lebens stand, die große Chance, heimzukehren, wieder mehr bei mir zu sein, mich zu besuchen, um dann mit Karl Valentin sagen zu können: „Heute besuche ich mich, hoffentlich bin ich zu Hause."

Der Weg dahin ist, da mache ich mir nichts vor, nicht leicht. Ich muss mich verabschieden von Menschen und Dingen, die mir wichtig waren. Ich muss mich aber vor allem verabschieden von der Vorstellung, der Wert und die Bedeutung meiner Person hänge von der Bedeutung und dem Wert ab, den andere mir zusprechen. Es kann sehr herausfordernd sein festzustellen, dass ich mein geringes Selbstwertgefühl durch äußeren Erfolg überspielt habe. Jetzt, wo der Erfolg ausbleibt, muss ich mich – endlich – mit mir selbst auseinandersetzen. Darin liegt aber auch eine Chance, die nicht ungenutzt bleiben sollte.

Nimm dich nicht so wichtig

Ich wache auf mit dem Wort „Bedeutungslosigkeit" im Kopf, und es ist mir, als wenn ich dieses Wort für mich neu lesen und neu verstehen müsste. Ja, wie wenn es eine wichtige Botschaft für mich enthielte. Ohne Bedeutung sein, frei von Bedeutung sein, eben bedeutungs-los. Ich muss nicht eine Bedeutung haben oder ich muss nicht erst eine Bedeutung haben, um jemand zu sein. Mir muss auch nicht erst eine Bedeutung zugeschrieben werden, um jemand, gar jemand Bestimmtes, ja vielleicht sogar überhaupt erst jemand zu sein. Wie viel Energie verwenden wir doch darauf, von Bedeutung zu sein; wie viel Energie, wenn ich ehrlich bin, habe ich nicht im Laufe meines Lebens darauf verwandt, um bedeutend zu sein.

Wer ich bin, die Bedeutung, die ich habe, mache ich nicht länger davon abhängig, wie gut ich bei anderen ankomme, welche Aufmerksamkeit mir durch die Öffentlichkeit entgegengebracht wird. Ich setze mich nicht länger unter Druck, dies und jenes zu tun, um nicht vergessen zu werden oder etwas Bestimmtes zu erreichen. Komme ich dahin, dann, davon bin ich überzeugt, kann ich zunehmend die neue Situation genießen, die neue Lebensqualität, die davon ausgeht, würdigen und noch einmal auf eine ganz andere Weise als bisher mit mir selbst Bekanntschaft machen.

(AUS MEINEM TAGEBUCH)

Es tut mir gut, wenn Rafaela Oehler in der Herder Korrespondenz ein Porträt über mich verfasst mit der Überschrift „Wunibald Müller: Gläubig geblieben", oder wenn in Publik-Forum ein Interview mit mir veröffentlicht wird, das Hartmut Meesmann geführt hat. Es tut mir auch gut, wenn im katholischen Sonntagsblatt ein Interview erscheint, das Beate-Maria Link mit mir machte und dabei meine Arbeit im Recollectio-Haus würdigte. In den Tagen vor meiner Verabschiedung führte ich zahlreiche Interviews mit dem BR, dem HR, dem SWR. Das alles kann ich genießen, doch es macht nicht meine eigentliche Bedeutung aus.

Wie viel von dem, der ich einfach bin, ohne jede Bedeutung, habe ich wohl dabei übersehen? Wie viel von dem kann ich jetzt, wo ich von außen gesehen nicht mehr so bedeutsam bin, für mich entdecken und würdigen? Das ist ein schöner Gedanke. Dazu kommt die Vorstellung, mich nicht länger darum bemühen zu müssen, bedeutsam zu sein: entspannt zu sein, freier zu sein. Ich muss mich nicht länger anstrengen, jemand Bedeutsames zu sein, um dabei die Erfahrung zu machen, dass ich längst bedeutsam im Sinne von wichtig, einzigartig bin, ohne etwas dafür leisten zu müssen, einfach deshalb, weil ich bin, vielleicht auch, weil ich *ich* bin, und das noch mehr als bisher, weil kein Druck auf mir lastet, jemand von Bedeutung zu sein.

Das ist die große Chance im Ruhestand, mehr zu mir stehen zu können und dabei hoffentlich die Erfahrung zu machen, dass es mich so ausfüllen und zufrieden stimmen kann, endlich mehr ich selbst zu sein, dass ich gar nicht mehr bedeutsam sein muss und es gar nicht mehr sein will. Ich spüre, wie viel Macht ich durch den Wunsch, bedeutend zu sein, anderen abgebe, wie abhängig ich mich dadurch mache, wie sehr ich dadurch andere für mich entscheiden lasse, ob ich bedeutsam bin. Sich dessen bewusst zu werden, kann unendlich befreiend sein, zugleich auch etwas beschämend, wenn man sich darüber bewusst wird, wie viel an Unabhängigkeit man an andere abgetreten hat.

Jetzt melden sich auch Themen, die, bedingt durch die Routine des beruflichen Alltags, zu kurz gekommen oder einfach ausgeblendet worden sind. Ein solches Thema kann das Thema Selbstwertgefühl sein. Inwieweit haben wir vielleicht ein geringes Selbstwertgefühl durch die Arbeit, den Erfolg überdeckt und kompensiert? Da wir nicht länger die Rolle spielen, die wir bisher gespielt haben, werden wir wieder mit unserem geringen Selbstwertgefühl, das zuvor überblendet wurde, konfrontiert.

Solange alles seinen gewohnten Gang ging, man ständig gefragt war und von den Projekten, die anstanden, völlig in Beschlag genommen wurde, blieb dafür wenig Zeit. Auch jetzt mag man solche Themen noch für eine Weile übergehen können, durch manchen Aktionismus zunächst überspielen. Doch sie werden sich auf Dauer nicht verdrängen lassen.

So kann die Zeit des Ruhestandes eine Zeit sein, in der wir herausgefordert werden, die Beziehung zu uns selbst kritisch unter die Lupe zu nehmen. Wie sieht denn meine Beziehung zu mir selbst aus? In meinem Dienst mag ich viel Anerkennung gefunden haben. Doch wie sieht es jetzt aus, da ich diese Anerkennung und Wertschätzung nicht länger erfahre? Hier wird es von dem Wert abhängen, den ich mir unabhängig von der Anerkennung anderer zuspreche, wie gut ich damit leben kann, auf die Anerkennung der anderen in der Weise, wie das bisher der Fall war, zu verzichten. Wenn ich mir selbst gegenüber ein gutes Gefühl habe, mich selbst liebe und annehme, wird mir das leichterfallen. Im anderen Falle kann (oder muss) ich mich aufmachen, den gar nicht so leichten Weg zu beschreiten, der mich am Ende dahin bringt, dass ich mich, unabhängig von meiner Arbeit und der Anerkennung, die ich dafür erhalten habe, wertvoll und liebenswert finde.

Den seelischen Schmerz zulassen

Bis das Neue wirklich in uns und bei uns angekommen ist, vergeht einige Zeit, die schwierig sein kann und die wir aushalten müssen. Dabei kann uns helfen zu wissen, dass die Gefühle von Traurigkeit und Depression, die wir erfahren, normal sind, dass sie einen wichtigen Beitrag zu unserem Abschiedsprozess leisten können. Die Dame in Schwarz tritt auf, weil sie verhindern will, dass wir uns an der Auseinandersetzung mit uns selbst vorbeimogeln, *business as usual* betreiben, uns darüber hinwegsetzen, dass eine Zäsur stattgefunden hat. Sie ist die Botin unserer Seele, die uns ermahnt, uns nichts vorzumachen, uns dem Abschied und dem, was sich als Konsequenz daraus ergibt, zu stellen.

Die Krise, in die wir im Ruhestand geraten können, kann eine sogenannte normative Krise sein, die für wichtige Übergänge in unserem Leben typisch ist. In dieser Zeit fühlen wir uns unsicher. Wir sind bedürftiger, weicher, verletzbarer als sonst. Das ist auch notwendig, damit wir uns verwandeln und verändern können. Man kann das vergleichen mit einer Tonskulptur, die vorübergehend wieder in ihren weichen Zustand versetzt wird, um neu modelliert zu werden. Diese Zeit kann zu einer sehr bewegten Zeit werden, in der wir mit unruhigen, stürmischen Phasen rechnen müssen. Wie das der Fall sein kann, wenn ich mich aufmache, von der einen Seite des Flusses mit einer Fähre auf die gegenüberliegende Seite zu gelangen. Solange ich nicht wieder festen Boden unter den Füßen habe, muss ich mit Turbulenzen rechnen.

Sosehr ich weiß, dass solche Übergangsphasen kein Spaziergang sind, ist es doch noch einmal etwas anderes, wenn man sich selbst darin befindet. Es ist unangenehm, lästig und beeinträchtigt mein Wohlbefinden. Es hilft mir, was ich gerade erlebe, einzuordnen. Ich weiß, dass es Sinn macht, dass es wichtig ist. Auch weiß ich, dass es vorbeigeht und wieder Zeiten kommen, in denen ich mich seelisch wohlerfühlen werde. Jetzt bleibt mit aber nichts anderes übrig als auszuharren, den seelischen Schmerz auszuhalten. Es geht ja darum, mich wirklich zu trennen von dem, was nicht mehr ist. Dabei muss ich den Verlust, der damit einhergeht, verarbeiten.

„Da hast du mein Klagen in Tanzen verwandelt, hast mir das Trauergewand ausgezogen und mich mit Freude umgürtet.

Darum singt dir mein Herz und will nicht verstummen

Herr, mein Gott, ich will dir danken in Ewigkeit"

Dieses Psalmwort bedeutet für mich Ansporn, Zuversicht und Trost zugleich. Ich erlebe in der Zeit des Übergangs Phasen, in denen ich Wehmut empfinde. Manchmal ist es auch mehr als Wehmut, ja, Trauer, jetzt hinter mir lassen zu müssen, was mich über so viele Jahre beschäftigt hat, meinen Tag ausgefüllt hat, mich ausgefüllt und mein Leben mit Sinn erfüllt hat. Und das soll und wird jetzt zu Ende sein. Das tut auch weh. Auch wenn mir im gleichen Augenblick vom Kopf her klar ist, es ist gut so, deine Zeit aufzuhören, ist gekommen, ich will auch aufhören.

(AUS MEINEM TAGEBUCH)

Das Leiden, das wir in der Krise erfahren, kann sich oft als ein kreatives Leiden erweisen. Dieses Leiden lässt uns Schmerz empfinden über etwas, was wir nicht haben oder nicht mehr haben, sodass wir im Trauern darüber uns von Illusionen, Wünschen, Vorstellungen frei machen können, die unerfüllbar sind. Wir landen am Ende dieses schmerzlichen Prozesses auf dem Boden der Wirklichkeit, unserer Wirklichkeit, um endlich sie und ihre Möglichkeiten zu entdecken. Wir sehen dann die Dinge und uns selbst mit anderen Augen, können das, was war, als Schatz weiter mit uns und in uns tragen und das, was jetzt noch oder überhaupt erst möglich ist, zum ersten Mal richtig würdigen.

Um zwölf Uhr mittags beginnt der Untergang

Die Aufgabe der Dame in Schwarz besteht aber nicht nur darin, uns an die Zäsur zu erinnern, die mit unserem neuen Lebensabschnitt verbunden ist. Sie weist uns auch darauf hin, und wenn wir es zu oft überhören, zwingt sie uns, endlich zur Kenntnis zu nehmen, dass mit dem Rentenalter auch der letzte große Lebensabschnitt begonnen hat. Mir gefällt der Vergleich, mit dem C. G. Jung (1985, 71) den Ablauf unseres Lebens veranschaulicht:

„Denken Sie sich eine Sonne, von menschlichem Gefühl und menschlichem Augenblicksbewusstsein beseelt. Am Morgen entsteht sie aus dem nächtlichen Meere der Unbewusstheit und erblickt nun die weite, bunte Welt in immer weiterer Erstreckung, je höher sie sich am Firmament erhebt. In dieser Erweiterung ihres Wirkungskreises, die durch das Aufsteigen verursacht ist, wird die Sonne ihre Bedeutung erkennen und ihr höchstes Ziel in größtmöglicher Höhe und damit auch in größtmöglicher Erstreckung ihres Segens erblicken. Mit dieser Überzeugung erreicht die Sonne die unvorhergesehene Mittagshöhe – unvorhergesehen, weil ihre einmalige individuelle Existenz ihren Kulminationspunkt nicht vorher wissen konnte. Um zwölf Uhr mittags beginnt der Untergang. Und der Untergang ist die Umkehrung aller Werte und Ideale des Morgens. Die Sonne wird inkonsequent. Es ist, wie wenn sie ihre Strahlen einzöge. Licht und Wärme nehmen ab bis zum schließlichen Erlöschen."

Die Sonne sinkt jeden Tag tiefer – und das unumkehrbar. Ich werde diesem Gang der Sonne nicht entrinnen. Mein Leben geht unaufhaltbar auf das Ende zu. Das Wichtigste hat sich bereits ereignet, und ich bin gut beraten, nicht mit noch etwas anscheinend Wichtigerem zu rechnen. Tief in mir will ich das auch nicht, weiß ich auch, dass es mich nicht nähren würde, letztlich nur eine Wiederholung von etwas schon Erfahrenem wäre, dessen positive Wirkung auf mich kurz anhält, um dann wieder zu verpuffen. Dennoch ist es schwer, fällt es mir schwer, mich von solchen Vorstellungen oder Erwartungen zu verabschieden. Doch ich will es und muss es. Das tut auch weh. Es ist aber ein Schmerz, den ich aushalten will, weil er letztlich heilend wirkt. Mein Ego wehrt sich dagegen, entthront zu werden. Für mein Ego bedeutet es eine Niederlage. Doch ich kann es und will es ihm nicht ersparen.

> *Es ist nicht so sehr der Abschied von meiner bisherigen Tätigkeit, sosehr der auch eine Rolle spielen mag, der mich traurig stimmt. Es ist eher der Abschied von einer Vorstellung von Leben, die ich bisher bewusst oder auch unbewusst hatte. Etwa die Vorstellung, doch noch irgendwann einen Bestseller zu schreiben, diese oder jene Ehrung zu erhalten. Oder die Vorstellung, dass ich auf alle Fälle lange leben werde und es sowieso noch lange hin ist, bis ich endgültig gehen muss.*
>
> (AUS MEINEM TAGEBUCH)

Um dem Rhythmus unseres Lebens gerecht zu werden, muss ich die Wende vom Aufstieg hin zum Niedergang innerlich mitmachen. Das ist natürlich leichter gesagt als getan. Da soll ich Abschied von der Vorstellung nehmen, dass das Leben immer so weitergeht. Ist es nicht verständlich, wenn wir uns noch für eine Weile daran vorbeimogeln möchten, dass es eben nicht mehr so ist, dass uns nicht mehr alle Zeit der Welt zur Verfügung steht, dass der Spätnachmittag, ja, der Abend des Lebens angebrochen ist? Wer verzichtet schon gern auf etwas, was ihm lieb geworden ist? Wer ist bereit, Schmerzen zu erleiden über einen Verlust, solange er glaubt, den Verlust vermeiden zu können? So suchen wir nach Ausreden. Für eine Weile, so scheint es, sind wir auch erfolgreich. Doch nicht auf Dauer.

Wie sich doch die Dinge ändern. Ich sitze in der Eingangshalle der Abtei Genesee im Staat New York. Ich habe mir die Bücher angeschaut, die in dem kleinen Buchladen ausliegen. Früher hätte ich viele davon gekauft. Bei einigen konnte ich mich nur schweren Herzens entscheiden, sie nicht zu kaufen. Jetzt kaufe ich aber keines der Bücher. Der Kreis schließt sich. Ich merke, dass es mich mehr als ich vermutete innerlich aufwühlt, wenn ich mir bewusst mache, dass eine neue Lebensphase beginnt. Die Sonne steigt immer tiefer ab. Sie hat längst den Zenit überschritten und – so Gott will – bleibt mir allenfalls noch ein Viertel meiner Lebenszeit übrig. Für diese Zeit will ich nicht mehr, sondern weniger. Ich will mich durchaus weiterhin mit Neuem auseinandersetzen, aber ich will mich zugleich auch mehr zurücknehmen.

Ich ertappe mich dabei, wie ich die Zeit des Rückzuges hinauszuzögern versuche. Als würde man mir etwas wegnehmen wollen. Fast klammere ich mich daran fest. Da taucht ein heilender Gedanke in mir auf: Ich kann nur dann mit der Zeit danach gut zurechtkommen, wenn ich wirklich die Kurve bekomme, die Wende vollbringe. Die aber heißt für mich: ohne die „Du musst"-Haltung das tun, was sich ohne diese „Du musst"-Haltung ergibt. Mich nicht von äußerem Erfolg, von Anerkennung, abhängig machen. Das alles soll keine Macht mehr über mich haben. Ich muss und will den Rückzug antreten. Das führt mich in die Freiheit und in die Unabhängigkeit, nach der ich mich sehne. Nein, ich will nicht neidisch auf jene sein, die weiter aktiv unterwegs sind, die erfolgreich sind usw. Ich will es wirklich nicht. Ich will es nicht nötig haben. Ich will endlich das Privileg haben, mich nicht mehr beweisen zu müssen. Da gibt es eine Seite in mir, die sich dagegen aufbäumt, die ich gut kenne. Doch sie soll und darf nicht die Oberhand gewinnen.

(AUS MEINEM TAGEBUCH)

Aufschub und Rebellion

Was Hermann Hesse so schön mit den Stufen beschreibt, die wir immer wieder neu besteigen müssen, kann sich als recht beschwerlich erweisen, wenn es wirklich darum geht, all das, was war, hinter sich zu lassen und sich auf das, was ansteht, ganz einzulassen. Ich war davon ausgegangen, dass das gut gelingen wird. Doch ganz so einfach ist es nicht. Es ist dabei für mich nicht so sehr der „Verlust" der Arbeit, der Stellung, der Aufgaben, die in den vergangenen 25 Jahren im Vordergrund standen. Es ist eher die Tatsache, dass der neue Lebenskreis, den ich beschritten habe, eine Zäsur markiert, die unausweichlich auf die letzte Lebensphase hinweist.

Das wusste ich und das weiß ich. Doch jetzt befinde ich mich in dieser Situation, und Kräfte in mir, die mir bisher nicht bekannt waren, versuchen sich dagegen aufzulehnen. Sie wollen das nicht akzeptieren, was immer die Gründe dafür sein mögen. Ich muss das akzeptieren. So will ich barmherzig mit mir sein. Ich will mir zugestehen, dass das auch nicht so einfach ist. Zugleich spüre ich, wie es mich erleichtert, wenn es mir gelingt, loszulassen. Mich dem, was ansteht, zu überlassen. Dann sehe ich mich als jemanden, der mit Würde alt wird.

Kann es sein, dass ich mir etwas vorgemacht hatte, als ich glaubte, einen leichten Übergang in die neue Lebensphase zu haben, dass mir das Ausmaß dieser Endlichkeit nicht angemessen bewusst war? Dass ich jetzt eingeholt werde von dem Schmerz, der damit einhergeht? Ja, die Krise hat mich eingeholt. Sie hat den Moment abgewartet, in dem sie die besten Chancen hat, sich bemerkbar zu machen. In einer Situation, in der ich etwas erschöpft von der USA-Reise, den immer wieder neuen Abschieden von unserem Sohn, geschwächt und angeschlagen bin. Ich kann nicht viel mehr tun, als die Krise walten zu lassen. Es wird sich am Schluss zeigen, was ich ändern, welche Entscheidungen ich treffen, welche Erwartungen ich verabschieden, welche Verhaltensweisen ich überprüfen muss. Meine Seele arbeitet daran, und das Beste, was ich beitragen kann, ist, sie nicht bei ihrer Arbeit zu stören. Sie wirken lassen, im Vertrauen darauf, dass sie mir Gutes will, dass sie darauf hinwirkt, dass ich noch mehr ich selbst oder wieder mehr ich selbst werde. Dabei kann ich sie nur unterstützen, indem ich ihr ohne Einschränkung einfach die Führung überlasse.
(AUS MEINEM TAGEBUCH)

Es gibt Situationen, in denen uns nichts anderes übrigbleibt, als uns unserem Selbst zu überlassen, letztlich der Seele, weil wir mit unseren eigenen Überlegungen nicht mehr weiterkommen. Es ist dann die Stunde der heilenden Kraft unseres Selbst, unserer Seele angebrochen, die jetzt angesagt ist. Uns bleibt nichts anderes übrig, als uns mit geöffnetem Herzen, bedingungsloser Bereitschaft, von unserem Selbst überfluten zu lassen mit dem, was uns vom Selbst zugedacht ist, um noch mehr ganz zu werden, die zu werden, die wir werden sollen. Die Krise nötigt uns, bringt uns in Not, um, bedingt durch die Not, aus der wir wieder herauskommen wollen, unser Ego zu entthronen, sosehr wir uns auch dagegen auflehnen mögen. Sein Einfluss muss abnehmen, der des Selbst zunehmen.

An diesem Punkt bin ich angekommen. Es beruhigt mich, bei allem seelischen Schmerz und den depressiven Gefühlen, die damit verbunden sind, mir bewusst zu machen, dass meine vornehmliche Aufgabe darin besteht, es aushalten zu können, dass nicht ich oder mein Ego bestimmen, wann das Selbst die Macht übernimmt und die notwendigen Korrekturen, Ergänzungen und Vertiefungen vornimmt, sondern das Selbst, die Seele, alleine darüber bestimmen. Also warte ich, dazu bereit, mich verwandeln zu lassen. Schon meine ich, die ersten Auswirkungen der heilenden Kraft des Selbst zu verspüren. Das nehme ich dankbar an, und es stimmt mich zuversichtlich.

Sich angemessen mit der Wirklichkeit auseinandersetzen

Ich bin jedenfalls nachdenklicher geworden, wobei „nachdenklich" nicht die richtige Bezeichnung ist. Der Übergang ist doch schwieriger, als ich zunächst dachte. Ich hatte mir einen leichten Übergang gewünscht. Zunächst stand ja auch die Erleichterung im Vordergrund, endlich die Last der Verantwortung, die natürlich nicht nur Last war, loszuwerden. Doch je länger die Zeit zwischen meinem Abschied und meiner neuen Lebenssituation anhält, umso mehr zwingen mich meine körperlichen, vor allem aber seelischen Signale, mir nicht länger etwas vorzumachen. Sie zwingen mich, diesen Einschnitt wirklich als einen gravierenden Einschnitt zu sehen und angemessen zu würdigen.

Das aber verlangt auch, noch einmal genauer hinzuschauen: Was läuft denn da wirklich ab, wovon muss ich mich verabschieden, von dem ich glaubte, dass es jetzt endlich geschehen könnte oder noch möglich sei. Mir wird klar: Da gab es zwischendurch, wenn auch nur für eine kurze Zeit, eine Phase, in der ich dachte, mein Leben noch einmal ganz neu auszurichten. Wie wenn aus dem alten Baum ein neuer Trieb sich entfalten könnte, der mich auf ganz neue Wege bringen könnte. Wege, die sich nicht darum scheren, dass die Sonne dabei ist unterzugehen, Wege, die eher zurückführen, zurück zur Sonne, was ja gar nicht möglich ist. Wie wenn sich in mir noch einmal etwas mit aller Wucht dagegen auflehnen wollte, dass die Sonne sinkt.

Ich kenne Leute, die nicht wahrhaben wollen, dass sie 65 Jahre alt sind, die es schlicht verdrängen, dass sie älter werden, die versuchen, einfach darüber hinwegzugehen. Sie versuchen, noch einmal ganz auf Jung zu machen, indem sie sich entsprechend anziehen und dasselbe wie junge Menschen unternehmen. Sie verfallen in einen Aktionismus und wählen dabei Formen, die vor 20 Jahren für sie gepasst hätten. Andere verlieben sich noch einmal richtig und verlassen sogar ihren bisherigen Partner.

Es geht mir nicht darum, sich nicht auch im Alter schön, hell, flott anzuziehen, sich schick zu machen. Im Gegenteil. Es geht mir darum, mich realistisch mit meiner Wirklichkeit auseinanderzusetzen und dabei die Möglichkeiten, die sich daraus für mich ergeben, zu nutzen. Dabei betrachte ich das, was ich jetzt erlebe, als nicht weniger wertvoll als das, was ich bisher erlebt habe. Was ich jetzt erlebe, ist angereichert durch das, was ich bisher erlebt habe. Es baut darauf auf. Es ist eine Zeit, in der ich die Ernte einfahre, für die ich viel Zeit, Mühe, Kreativität und Mut eingesetzt habe. Es ist eine Zeit der Fülle, die angereichert ist durch den Schatz der Erfahrungen, die sich in meinem Leben angesammelt haben, die mein Leben reich gemacht, erfüllt und ausgefüllt haben. So hat es auch etwas Schönes an sich, nicht länger die Mühen des Aufstiegs auf sich nehmen zu müssen, sondern sich entspannt dem vorgegebenen Tempo des Absteigens zu überlassen. So will ich mich einüben, mich von dieser Bewegung der sinkenden Sonne einfach mitnehmen zu lassen, den Herbst und beginnenden Winter meines Lebens anzunehmen und zu umarmen. Ich will mich einüben, mich nicht dagegen aufzulehnen, sondern sie dankbar zu begrüßen. Zuweilen gelingt mir das, dann wieder überwiegen die Kräfte, die die Zeit anhalten oder gar zurückspulen wollen.

Darüber hinaus geht es aber auch noch darum, mich von anderen Erwartungen zu verabschieden, die ich mit meinem Abschied aus dem Berufsleben verband. Da gab es und, wenn ich ehrlich bin, gibt es noch die Vorstellung, jetzt befreit von dem engen kirchlichen Kontext, in den meine Arbeit eingebunden war, mich noch klarer kirchlich positionieren zu können. Das kann ich jetzt zwar tatsächlich. Doch bin ich wirklich noch gefragt, habe ich durch den Verlust meines Amtes nicht auch an Bedeutung verloren, zumindest was die Außenwelt betrifft? Ich will mir hier nichts vormachen. Daran arbeite ich noch. Ich will dahin kommen, dass es mir nichts ausmacht, nicht mehr gefragt zu sein, vielleicht sogar dahin kommen, dass ich es gar nicht mehr will, gefragt zu sein. Vor allem will ich es nicht für mich selbst, also nicht zur Vermehrung meiner Ehre brauchen, und, wo ich gefragt werde, es zur Ehre Gottes tun. Ich weiß, dass das ein hoher Anspruch ist, dem ich noch nie gerecht geworden bin, sosehr ich es auch anstrebe.

Was ich Ihnen an die Hand geben möchte:

Der Weg, auf dem wir bisher gegangen sind, ist zu Ende gegangen. Wir empfinden Trauer, fallen vielleicht auch in eine leichte Depression. Wir sind für eine Weile verunsichert, wissen nicht so genau, wie es weitergeht. Diese Zeit müssen wir aushalten. Je bereitwilliger wir uns auf diese krisenhafte Phase einlassen, desto offener werden wir dafür, uns neu zu orientieren, Neues zuzulassen. Vor allem aber dürfen wir darauf vertrauen, dass die Zeit der Unsicherheit und Dunkelheit zu Ende geht. Das passiert nicht plötzlich. Es ist eher vergleichbar mit dem vorsichtigen Abtasten eines Untergrundes, dem man noch nicht ganz zutraut, dass er einen zu halten vermag, um schließlich mehr und mehr dem ungewohnten Boden zu trauen. Also: Wenn die Dame in Schwarz auftaucht, schick sie nicht weg, sondern hör hin, was sie dir zu sagen hat, und beherzige es.

3. Sei bereit zu Aufbruch und Reise

Beim Tanz des Lebens ist nichts vergebens,
vorwärts, seitwärts, stolpern, stehen,
doch den Sinn unserer Schritte,
werden im Rückblick wir erst sehen.

Diesen Refrain trägt Hagen Binder beim 70. Geburtstag von Pater Meinrad Dufner vor. Mich sprechen diese Zeilen sehr an. In ihnen kommt die Haltung zum Ausdruck, mit der ich im Augenblick meinen Übergang in eine neue Lebensphase angehe. Ich tanze weiter, lasse mich durch den Einschnitt, der äußerlich in meinem Leben geschieht, nicht vom Tanzen abhalten. Vielleicht komme ich zwischendurch etwas mehr als sonst aus dem Takt, bin mir für einen Moment doch etwas unsicher, wie der nächste Schritt gesetzt werden muss. Doch insgesamt geht der Tanz einfach weiter. Wie er immer weitergegangen ist, bei allem, was bisher in meinem Leben geschehen ist. Einfach weitergehen, den Tanz des Lebens weitertanzen. Für mich heißt das auch, mich dem Tanz des Lebens zu überlassen, der ohnehin stattfindet, dessen Takt ich ohnehin nicht bestimmen kann. Dieser Tanz lässt sich nicht durch einschneidende Ereignisse in meinem Leben un-

terbrechen. Er setzt sich unentwegt fort. Wenn ich zögere, stolpere, stehen bleibe, geht er dennoch weiter. Es bleibt mir nichts anderes übrig, als mich irgendwann wieder einzuklinken. Sosehr es verständlich und auch notwendig ist, mir Zeit dafür zu lassen, die Traurigkeit über das, was nicht mehr ist, zuzulassen, irgendwann ist es dann aber auch wichtig, dass ich mich wieder von dem Tanz, seinem Schwung, mitnehmen lasse. Das ich nicht auf Dauer stehen bleibe, mich festhalte an etwas, was nicht mehr ist, statt mich dem zu öffnen, was noch ist, was jetzt möglich ist, und darauf meine Aufmerksamkeit richte, dafür meine Energien verwende.

(Aus meinem Tagebuch)

„ ... droht Erschlaffen"

„Einfach weitergehen", das sagt im Grunde genommen auch der ehemalige Abt von Münsterschwarzach, Fidelis Ruppert, als wir bei der Geburtstagsfeier auf meinen bevorstehenden Abschied vom Recollectio-Haus zu sprechen kommen. Er war nach dem 70. Geburtstag als Abt zurückgetreten, um Jüngeren Platz zu machen, und ist danach einfach weitergegangen. Für ihn hieß das, wieder als Pater Fidelis einfaches Mitglied seiner Gemeinschaft zu werden, Kurse zu geben, Bücher zu schreiben und wie bisher das Leben eines Mönches zu leben, aber ohne die Bürde des Amtes.

Die Verunsicherung und Traurigkeit, die sich einstellen können, wenn wir in den Ruhestand treten, sind – so meine Erfahrung – darauf zurückzuführen, dass mit dem Ruhestand eine Ära zu Ende geht und ein neuer Lebensabschnitt beginnt. Dafür sollten wir uns die Zeit lassen, die wir brauchen, damit unsere Seele uns nicht ständig hinterherlaufen muss. Dabei geht das Leben aber weiter, und irgendwann ist der Zeitpunkt erreicht, an dem wir spüren: Jetzt haben wir wieder festen Boden unter den Füßen, jetzt sehen wir klarer, wie es weitergeht, jetzt wissen wir auch die Vorteile zu schätzen, die sich aus der neuen Lebenssituation ergeben.

So durfte ich mit der Zeit feststellen, dass ich die Arbeit im Recollectio-Haus nicht vermisse. Ich genieße es vielmehr, nicht länger die administrativen Aufgaben wahrnehmen zu müssen, die notwendig waren, damit der Betrieb gelaufen ist, die viel Zeit in Anspruch nahmen, aber auch einfach Routine waren. Jetzt kann ich mich noch stärker dem widmen, was mir Spaß macht, auch, was mich herausfordert. Zumindest sind die Voraussetzungen dafür gegeben.

Doch wie geht es jetzt weiter? Noch klingen mir die Worte aus dem Stufengedicht von Hermann Hesse in den Ohren:

Kaum sind wir heimisch einem Lebenskreise
Und traulich eingewohnt, so droht Erschlaffen,
Nur wer bereit zu Aufbruch ist und Reise,
Mag lähmender Gewöhnung sich entraffen.

Die Gefahr besteht, dass wir mit dem Ruhestand erschlaffen. Viele haben darauf hingelebt, haben die Jahre, die Monate, die Tage gezählt, bis es endlich so weit ist. Schließlich ist es tatsächlich so weit: Jetzt muss ich nichts mehr leisten, mich nicht mehr anstrengen, kann aufstehen, wann ich will, den Tag so gestalten, wie es mir passt. Das ist ja auch etwas Wunderbares, das man nicht schlechtreden sollte. Doch es ist nicht alles. Jetzt geht es auch darum, wie ich unter den veränderten Umständen mein Leben gestalte und weiterentwickle.

Lasse ich mich jetzt einfach gehen? Bin ich nicht länger an dem interessiert, was um mich herum geschieht? Engagiere ich mich für irgendetwas, setze ich mich für ein Projekt ein, das ich für sinnvoll erachte und es mir ermöglicht, etwas für andere zu tun, oder betrachte ich die neue Lebenssituation als Gelegenheit, Neues auszuprobieren, Interessen nachzugehen, die ich bisher aus zeitlichen Gründen nicht verfolgen konnte?

Ich halte es für gut, hier einen Zwischenweg zu finden. Ich empfinde manche Ermutigung, die uns bleibenden Möglichkeiten auch im fortgeschrittenen Alter zu nutzen, als überzogene Zumutung. Das trifft dann zu, wenn gegebene körperliche und mentale Grenzen nicht beachtet werden und ein Druck aufgebaut wird, gleichsam auf Teufel komm raus eine Kreativität an den Tag zu legen, die viele einfach überfordert. Auf der anderen Seite finde ich es auch wichtig, sich selbst nicht zu schnell abzuschreiben und offen dafür zu sein, über welche Ressourcen man noch verfügt und welche Fähigkeiten noch in einem schlummern, die bisher nicht zum Zuge gekommen sind. Auch finde ich es wichtig, sein Wissen, seine Erfahrung nicht brachliegen zu lassen, sondern zu nutzen, auch zum Segen für andere.

Der Thomas Merton in mir

Als ich mich vor einigen Jahren ernsthafter mit dem Gedanken beschäftigte, wie mein Leben aussehen wird, wenn ich die Leitung des Recollectio-Hauses abgebe, schwebte mir eine Zeit lang die Vorstellung vor, mich ganz zurückzuziehen. Mein Vorbild war Thomas Merton, der in den letzten Jahren seines Lebens zurückgezogen in einer Einsiedelei, die sich auf dem Gelände seines Klosters befand, lebte. Ich hielt in dieser Zeit Ausschau nach einer Hütte, wohnte sogar einmal für zwei Nächte in einer Hütte, die ich im Thüringer Wald entdeckt hatte.

Ich verband damit die Vorstellung, mich ganz aus dem öffentlichen Leben zurückzuziehen, mir Zeit zum Beten, Meditieren, Lesen, Schreiben und Wandern in den Wäldern zu nehmen. Ich wollte nicht immer in einer Hütte wohnen, aber mir immer wieder eine Auszeit gönnen, um sie dort zu verbringen. Ansonsten war es mir natürlich wichtig, mit meiner Frau zu leben, mit ihr mehr als bisher Zeit zu verbringen, mich an der häuslichen Arbeit zu beteiligen und öfters als bisher miteinander Reisen zu unternehmen.

Je näher der Termin für den Abschied rückte, desto mehr Zweifel tauchten bei mir auf, ob es denn wirklich so gut sei, ganz aufzuhören, mich ganz zurückzuziehen und mich ganz dem Weg nach innen zu widmen. Verlangte das etwa von mir, mich ganz von äußeren Aktivitäten zu lösen, keine Vorträge mehr zu halten, keine Gespräche mehr zu führen, keine Bücher mehr zu schreiben und mich nicht mehr öffentlich zu äußern?

Sollte ich wirklich mich ganz zurückziehen? Mir wurde zunehmend klar, dass es mich im Augenblick sicher überfordern würde. Es war aber auch klar, dass ich eine absehbare Zeit der Einsamkeit brauchte, nach welcher ich in das bunte Leben zurückkehren konnte. Bei dem Wunsch nach Einsamkeit ging es mir aber nicht darum, meine Beziehung zu meiner Frau, unseren Kindern und unseren Freunden infrage zu stellen. Es ist mehr ein vorübergehendes Sich-Zurücknehmen, kein Einsiedlertum.

Für mich sind hier Personen wie Henry David Thoreau, Thomas Merton oder Henri Nouwen Vorbilder. Ich sehe Thomas Merton vor mir, wie er in seiner Eremitage Feuer macht oder sich einen Hirsebrei kocht. Oder ich sehe ihn auf seiner Veranda sitzen. Er liest ein Buch oder betet die Psalmen. Ich bin schon einmal bei einem Besuch in seinem Kloster den Weg gegangen, den er oft von seiner Einsiedelei zum Kloster und der Kirche gegangen ist, um sich dort etwas zu essen zu holen oder die Eucharistie zu feiern, wenn er sie nicht in seiner kleinen Kapelle zelebrierte. Ich genieße es, wie Thomas Merton es auch tat, durch die Wälder zu streifen, dem Gesang der Vögel zu lauschen, einfach in die Natur einzutauchen.

Diese Sehnsucht war verbunden mit der Vorstellung einer Hütte, eine Art Einsiedelei, in die ich mich zurückziehen konnte, um dort nach einem von mir bestimmten Tagesrhythmus zu leben. Ich habe diese Hütte nie gefunden. Was ich entdeckt habe, ist eine kleine Ferienwohnung im Thüringer Wald, wo ich einige Male im Jahr über ein verlängertes Wochenende zur Miete wohne, um dort im wahrsten Sinne des Wortes zu „hausen". Der Begriff „hausen" trifft es deshalb so gut, weil es für mich zum einen tatsächlich ein Zuhause ist. Zugleich aber auch eine Art des Wohnens, die dem üblichen sogenannten gepflegten Wohnen nicht entspricht.

Ich stehe dann in aller Herrgottsfrühe auf, begrüße den Tag, der noch von Dunkelheit umhüllt ist, mit Psalmen. Davor bereite ich mir eine Tasse Kaffee. Vorausgegangen ist in der Regel eine Nacht, in der ich drei bis vier Mal, geweckt durch meine Träume, aufgewacht bin, das Licht angemacht und meine Träume aufgeschrieben habe. Meine Seele weiß, dass sie mich hier „stören" darf, dass ich ihr hier meine ganze Aufmerksamkeit schenke. Diese Gelegenheit lässt sie nicht verstreichen. Sie nutzt sie, um mir Einblick in mein Innerstes zu gewähren, mich in meine Tiefe zu führen und mich mit ihren Kraftquellen zu beseelen.

Bei mir zu Hause sein

So bin ich an diesem Ort wirklich zu Hause. Ich bin zu Hause, ganz bei mir, wie kaum sonst. Ich bin mir selbst ganz nahe. Ich besuche mich und bin tatsächlich, um ein Scherzwort von Karl Valentin aufzugreifen, zu Hause, wenn ich mich besuche. Endlich. Endlich wieder einmal. Diese Erfahrung tritt für mich nicht in Widerspruch zu der Erfahrung, wenn ich zu Hause bin, wo ich wohne, vor allem mit meiner Frau bin. Meine Frau ist für mich der wichtigste Mensch in meinem Leben, ohne den ich nicht leben wollte und mit dem ich alt werden möchte. Ich freue mich, wenn ich nach meinen Einsiedlertagen, in denen ich mit ihr in telefonischem Kontakt bin, wieder zu ihr in unser Zuhause zurückkehre.

Gerade da ich weiß, dass ich eingebunden bin in ein Netz von Beziehungen, meiner Familie, Freunden, Bekannten, genieße ich diese Zeiten des Alleinseins. Ich weiß, dass es diese Menschen gibt, dass wir uns lieben, schätzen, voneinander wissen, uns auf unterschiedliche Weise immer wieder sehen und treffen werden. Gäbe es sie nicht, gäbe es nur meine Thüringer Bleibe, sähe das alles anders aus, würde mir das sicher nicht genügen, dann könnte mein selbst gewähltes vorübergehendes Alleinsein sich sehr schnell zu einer schmerzvollen Einsamkeit entwickeln.

Ich kann gut verstehen, dass Thomas Merton immer wieder in das nahe Louisville ausgebüxt ist, zahlreiche Besucher empfing und mit Gott und der Welt Briefkontakt unterhielt. Ob er der Versuchung widerstanden hätte, auf WLAN und E-Mails zu verzichten? Was ich damit sagen möchte, ist: Vielleicht mache ich mir da auch etwas vor mit der Sehnsucht nach Einsamkeit. Vielleicht will ich da auch nur ein romantisches Ideal verwirklichen, das gar nicht zu mir passt. Vielleicht muss ich mich auch hier von etwas verabschieden, was nicht zu mir gehören kann.

Zunehmend dämmerte es mir: Ich kann meine Vision, wie Thomas Merton zurückgezogen zu leben, jetzt schon zum Teil und immer mehr in Zukunft leben, wie ich es ja auch inzwischen durch meine Aufenthalte im Thüringer Wald praktiziere. Mit dem Abschied vom Recollectio-Haus eröffnet sich mir ein Raum der Freiheit, der es mir gestattet, weit mehr als bisher mein Leben, meinen Alltag zu gestalten. Ich kann jetzt schon – natürlich im Einvernehmen mit meiner Frau – vieles von dem, was ich mit dem Leben von Thomas Merton verbinde, umsetzen. Das heißt für mich: Ich schaffe mir einen äußeren Rahmen, der es mir ermöglicht und erleichtert, nach meiner

Pensionierung das zu leben, was ich für sinnvoll und erfüllend erachte.

Immer mehr kristallisiert sich für mich heraus, dass ich nicht den klaren Schnitt machen kann, den ich vor einiger Zeit, als die Pensionierung noch nicht so nahegerückt war, vollziehen wollte. Ich dachte an den totalen Rückzug, spürte regelrecht eine Sehnsucht danach. Je näher der Zeitpunkt rückt, umso klarer wird mir, dass es durchaus in die Richtung gehen kann, aber dass ich mir dafür noch einige Jahre Zeit lassen darf. Es ist interessant, dass mir das so klar bei einem der vielen Gespräche geworden ist, die ich in letzter Zeit mit Personen führe, die mich fragen, was ich denn tun werde, wenn ich im Recollectio-Haus aufhöre. Da hörte ich mich sagen, dass so bis 70 eine Zeit sein kann, in der ich weiterhin aktiv bin, was Schreiben, Vorträge, Gespräche betrifft, freilich in geringerem Umfang als bisher. Ich schaue, wie sich das entwickelt, mich darauf einstellend und auch darauf einwirkend, dass es immer weniger wird. Dieser Tage habe ich einen Kollegen getroffen, der vorwiegend als Psychotherapeut und Dozent arbeitet, gerade 70 geworden ist und meinte, er sei inzwischen bei 12 bis 13 Stunden in der Woche angekommen, die er für Gespräche aufbringt, und dass dies genau das Maß für ihn ist, das zu ihm passt.

(AUS MEINEM TAGEBUCH)

Weiter schreiben, Vorträge halten und Gespräche führen

Bei dieser Entscheidung spielten viele Dinge eine Rolle: etwa mein Alter und die Tatsache, dass die Kräfte schwinden. Auf der anderen Seite aber auch zu spüren: Ich kann auch noch einiges bewältigen. Und vor allem: Es gibt da einen Schatz an Wissen, Erfahrung, Kompetenz, den ich nutzen will und nutzen sollte. Mir zuzugestehen, dass mir ein abrupter Abbruch von heute auf morgen zu schnell, zu radikal erscheint und mir der Gedanke, es gehe auf eine andere, gemächlichere Weise weiter, angenehm ist. Der große äußere und innere Abschied vom Recollectio-Haus blieb, und daran wollte ich auch nichts ändern. Aber so manchem, was ich bisher schon getan habe, kann ich jetzt vielleicht sogar noch intensiver oder uneingeschränkter nachgehen.

Nachdem ich die Entscheidung getroffen hatte, mich nicht ganz zurückzuziehen, war mir auch klar, dass ich mit dem Schreiben weitermachen werde, zumindest solange andere an dem, was ich schreibe, interessiert sind. Ich merkte, dass ich eine zu radikale Zäsur vornehmen würde, wenn ich eine wichtige Seite von mir einfach abschneiden würde. Ja, es wurde mir deutlich, dass das Schreiben genau das ist, was ich im Grunde genommen am liebsten tue, und mir die neue Situation mehr als bisher die Gelegenheit schafft, diese Leidenschaft noch stärker auszuleben.

Auch die Vortragstätigkeit wollte ich zunächst aufgeben. Doch dann trafen die ersten Einladungen zu Vorträgen für die Zeit nach der Rente ein, und ich brachte es nicht übers Herz, sie auszuschlagen. Ich merkte: Ich mache das gerne. Die Vorträge bieten mir die Gelegenheit, in direkten Kontakt mit den Lesern zu treten. Oft ergibt sich nach den Vorträgen die Möglichkeit, mit den Zuhörern in ein kurzes persönliches Gespräch zu treten, bei denen manche ihren Kummer loswerden, andere um Rat fragen, wieder andere mir mitteilen, wie sehr sie meine Bücher schätzen. Nach meinen Vorträgen, in denen ich versuche, mein Bestes zu geben, und die ich, auch wenn es sich um einen Vortrag handelt, den ich schon oft gehalten habe, gut vorbereite (indem ich immer etwas verändere und der Situation entsprechend anpasse), bin ich in der Regel ziemlich ausgepowert. Dann habe ich stets viel gegeben, aber auch viel bekommen.

Darauf sollte ich nun verzichten? Ich traf die Entscheidung, nicht darauf zu verzichten, und schon füllte und füllt sich der Kalender mit vielen Terminen, und das in einem Ausmaß, dass ich aufpassen muss, am Ende nicht noch mehr als bisher zu Vorträgen unterwegs zu sein. Ich stehe zu meinem Ja, weiterhin Vorträge zu halten. Ich habe aber auch feststellen müssen, dass es mir guttut, weiterhin angefragt zu sein. Da war die Befürchtung gewesen, plötzlich nicht mehr gefragt zu sein, keine Einladungen mehr zu Vorträgen zu bekommen. Ich frage mich daher auch, ob ich diesen Bedeutungsverlust, der zum Beispiel damit einhergeht, nicht mehr der Leiter des Recollectio-Hauses zu sein, auf diese Weise hinauszögern oder kompensieren will.

Eigentlich will ich darüber erhaben sein. Doch natürlich bin ich es nicht. Eigentlich, so sage ich es mir und so habe ich es über all die Jahre versucht, anderen zu vermitteln, müsste unser Selbstwertgefühl stark genug sein, um unseren Wert nicht von einer Tätigkeit, der gesellschaftlichen Stellung, einem äußeren Wert abhängig zu machen. Aber eben nur eigentlich. Ich brauche noch Zeit, bis es so weit ist und ich mit der neuen Situation, dem Bedeutungsverlust, umgehen kann.

Schließlich traf ich auch die Entscheidung, in einem eingeschränkten Umfang weiterhin psychologische und spirituelle Gespräche anzubieten. Ich habe vor meiner Zeit im Recollectio-Haus und dann vor allem während meiner Zeit im Recollectio-Haus viele Menschen psychotherapeutisch und spirituell begleitet und durfte dabei die Erfahrung machen, wie sehr Gespräche helfen können, den Alltag zu bewältigen, schwierige Situationen besser anzugehen und zu bestehen, mögliche Fehlentwicklungen zu verhindern und wichtige Entscheidungen treffen zu können. Das sind nur einige Beispiele dafür, die aufzeigen, wie hilfreich es sein kann, sich mit jemandem, dem man vertraut, der gut zuhören kann und einem wohlgesonnen ist, regelmäßig auszutauschen. Es ist für mich weiterhin ein Anliegen, auf diese Weise für andere da sein zu können.

Das Privileg, selbst über seine Zeit verfügen zu können

Ich muss an Heinrich Böll denken, der sich oft in seine Hütte in der Eifel zurückgezogen hat und einmal sinngemäß sagte: Selbst über seine Zeit verfügen zu können ist das Kostbarste, was wir haben. Irgendwo habe ich ein Bild von ihm aufbewahrt, auf dem er zu sehen ist, wie er einen Feldweg entlanggeht, ich vermute in der Nähe seiner Hütte. Für mich ist das ein Sehnsuchtsbild, in dem ich meine Sehnsucht wiederfinde, mich zurückziehen zu können, für mich alleine oder zusammen mit meiner Frau zu sein, nichts leisten zu müssen, nichts vorweisen oder zu einer bestimmten Zeit erreicht haben zu müssen, Zeit zum Lesen und Schreiben zu haben, wenn ich Lust dazu habe, hinaus auf die Felder und in die Wälder gehen zu können, wenn mir danach ist, in Ruhe gelassen zu werden – zumindest immer wieder und mehr als bisher. Jetzt ist der Augenblick gekommen, an dem ich genau das tun kann.

Ist das nicht wirklich ein Privileg, selbst über seine Zeit verfügen zu können? Ich muss nicht länger etwas dafür tun, um Geld zu verdienen, um meine Familie zu ernähren, um die Ausbildung unserer Kinder zu ermöglichen. Ich muss mir dann doch wie ein König vorkommen, der als absoluter Herrscher über sein Königreich herrschen kann. Ich muss schmunzeln, wenn ich an jene denke, die meinen, sich abschätzig über die äußern zu müssen, die mit dem Eintritt ins Rentenalter nicht mehr gefragt sind und anscheinend nur noch belanglosen Dingen nachgehen. Ob sie je ein Gespür dafür bekommen, welch ein Reichtum an Lebensqualität mit diesem Zugewinn an Selbstbestimmtheit einhergehen kann? Das hat nichts mit Erschlaffen, Abbauen oder Regredieren zu tun. Es trägt vielmehr zur Bereicherung des Lebens bei, vermittelt eine Ahnung davon, was ein Leben in Fülle bedeuten kann.

Entscheidend ist allerdings, dieses Privileg nicht erst morgen zu nutzen, sondern heute, jetzt. Da wir es nicht anders gewohnt sind, mag sich eine Seite in uns melden, die uns das nicht zugestehen will. Stimmen in uns flüstern uns zu und drängen uns, etwas zu tun. Ich traf neulich einen ehemaligen Schuldirektor, der mir sagte, am Anfang seines Ruhestandes hätte er ein schlechtes Gewissen gehabt, wenn er nichts tat, so sehr war er darauf getrimmt, etwas tun und leisten zu müssen. Schließlich gelang es ihm eines Tages doch, von dem Privileg, selbst über seine Zeit verfügen zu können, Gebrauch zu machen, etwas für sich zu tun oder sich dem heiligen Nichtstun hinzugeben.

Hierbei hat man jederzeit die Möglichkeit, sich einzumischen, seine Meinung einzubringen. Etwas erreichen zu wollen. Ich erinnere mich an ein Gespräch mit dem Begründer der Gesprächspsychotherapie Carl Rogers, der schon fast 80-jährig meinte: „I want to have an impact." Er wollte also auch als Ruheständler weiterhin etwas bewirken. Ich will diese Haltung nicht als Weisung verstehen, also nicht übermäßig forcieren, will keinen Druck machen: Es ist aber sicher gut, offen dafür zu sein, Chancen zu nutzen, die sich dafür anbieten. Das „Bewirkenwollen" sollte man mit einer gelassenen Haltung angehen. Ich persönlich will dabei noch mehr als bisher dem Schicksal, den unsichtbaren Kräften, Gott, die Führung überlassen, auch weil ich mit dieser Haltung in meinem Leben bisher gut gefahren bin.

„Wir irren vorwärts"

Dieser Tage habe ich eine Wortschöpfung von Robert Musil gehört, die mich sofort angesprochen hat: „Wir irren vorwärts." Genauso komme ich mir vor. Ich irre vorwärts. Ich gehe auf alle Fälle weiter, nach vorne, ohne in manchen Bereichen zu wissen, wo es hingeht. Ich bin dabei auch bereit, mich zu irren und zu verirren, vertraue aber darauf, dass es dennoch weitergeht, nach vorne geht, dass ich schließlich da ankomme, wo ich ankommen will oder ankommen soll.

Mit dem Recollectio-Haus verwirklichte ich nicht nur eine Idee und initiierte nicht nur etwas, was inzwischen Hunderten von kirchlichen Mitarbeitern und Mitarbeiterinnen zum Zufluchtsort geworden war, an den sie sich in ihrer Not wenden konnten. Ich verwirklichte damit mich selbst. Ich schuf damit eine Möglichkeit, das von mir zum Ausdruck zu bringen, was ich als meine tiefste Bestimmung, ganz im Sinne von Romano Guardini (1985, 20), als mein „Wort" erkannt habe, das in mein Wesen hineingesprochen worden ist und wie ein Passwort zu allem ist, was dann geschieht:

> „Es ist Kraft und Schwäche zugleich. Es ist Anfang und Verheißung. Es ist Schutz und Gefährdung. Alles, was dann im Gang der Jahre geschieht, ist Auswirkung dieses Wortes, ist Erläuterung und Erfüllung. Und es kommt alles darauf an, dass der, dem es zugesprochen wird – jeder Mensch, denn jedem wird eins zugesprochen –, es versteht und mit ihm ins Einvernehmen kommt. Und vielleicht wird dieses Wort die Unterlage sein zu dem, was der Richter einmal zu ihm sprechen wird."

Eine solche Berufung hört nicht einfach auf, wenn ich äußerlich den Ort verlassen habe, an dem ich auf eine einzigartige Weise dieser Berufung Ausdruck verleihen konnte. Das heißt, sie muss sich eine andere Form suchen, in der sie weiterleben kann, und dabei die neuen Bedingungen, Gegebenheiten, die veränderte persönliche Situation berücksichtigen: dass ich älter geworden bin, über weniger Spannkraft und Ausdauer verfüge und mehr Zeiten der Ruhe und Entspannung benötige.

Es geht nicht darum, dass ich noch mehr Aufmerksamkeit erhalte, sondern, dass ich „abnehme". Ich nehme mich im-

mer noch zu wichtig, wichtiger, als ich bin. Zugleich merke ich, wie wenig es nährt, bekannt zu sein, und wie sehr es nährt, was ich auf eine ganz normale, selbstverständliche, alltägliche Weise an Aufmerksamkeit und Zuwendung erhalte. Ich merke, dass ich das noch mehr würdigen kann, wenn ich mich von überzogenen Erwartungen löse.

Ich bin kein C. G. Jung, ich bin kein Irvin D. Yalom und ich tue mir das auch nicht an, jemand sein zu wollen, der ich nicht bin und der ich nie sein werde. Doch ich kenne die Seiten an mir, die mich versuchen, ja, in Versuchung führen wollen, der Vorstellung anzuhängen, dass ich noch einmal eine ganz eigene, von der Kirche unabhängige berufliche Entwicklung nehmen kann, bei der ich Seiten von mir verwirklichen und profilieren kann, die bisher zu kurz gekommen sind. Ja, eine Entwicklung, bei der der Wunibald Müller noch mehr als bisher zum Ausdruck kommt. Dem will ich auch nach wie vor meine Aufmerksamkeit schenken, doch nicht unter dem Gesichtspunkt, mich dadurch nach außen hin in Szene zu setzen, Aufmerksamkeit zu erregen. Eher als Gelegenheit, einfach den Prozess meiner Selbstverwirklichung voranzutreiben, unabhängig davon, welche Außenwirkung damit einhergeht.

(AUS MEINEM TAGEBUCH)

Vor einiger Zeit begegnete ich in einem Traum dem Abt von Münsterschwarzach. Die Begegnung mit dem Abt sagt mir, dass für mich ansteht, mich innerlich noch mehr unabhängig von der Abtei zu machen. Ich verdanke ihr vieles, aber sie verdankt auch mir vieles. Ich brauche die Abtei nicht, um mir ein eigenes Leben aufzubauen. Ich brauche die Gemeinschaft nicht, und ich brauche den äußeren Rahmen nicht, den eine Abtei hergibt, um etwas zu leisten. Für das Recollectio-Haus als Projekt bedurfte es dieses äußeren Rahmens, des Renommees der Abtei, des Engagements der Mönche, vornehmlich von P. Anselm und P. Meinrad, und der finanziellen Möglichkeiten. Was mich und meinen weiteren Weg betrifft, so muss und werde ich ohne die Abtei meinen Weg finden.

Jahreswechsel. Dieses Mal nehme ich ihn bewusster wahr als sonst. In den Wünschen zum neuen Jahr werde ich auch immer wieder daran erinnert, dass das neue Jahr für mich ein besonderes Jahr ist. Ich lasse die guten Wünsche tief in mich hineinwirken, kommen sie doch von Menschen, die mir nahestehen und es ernst meinen. So, wenn mir Gerhard, einer meiner ältesten Freunde, einen guten und glücklichen Übergang in den Ruhestand wünscht und aus eigener Erfahrung ergänzt: „Es braucht schon seine Zeit, bis man merkt, dass aus diesem Abschied von einer Lebensform etwas Neues wächst – mit eigenen Chancen, Freiheiten und Aufgaben. Lass wachsen, was wachsen will. Ich wünsche dir die dazu nötige Kraft und Geduld."

(AUS MEINEM TAGEBUCH)

Trau deiner Seele

Wir dürfen darauf vertrauen, dass wir in Zeiten des Übergangs nicht alleine sind. Ich meine damit, dass wir nicht alleine entscheiden müssen, wie es jetzt weitergeht. Dass wir mit unseren Überlegungen nicht alleine dastehen. In uns gibt es nämlich eine innere Begleiterin und Führerin, unsere Seele, die alles, was uns nicht bewusst ist, sehr gut, sogar besser als wir selbst, kennt und die dafür sorgt, dass unser Weg gemäß einer Dynamik und nach einem Plan weitergeht. Auf diese Begleiterin können wir uns verlassen. Sie macht sich bemerkbar, wenn wir die falsche Richtung einschlagen. Sie schaut für eine Weile zu, wenn wir uns nicht trauen, die nächsten Schritte zu tun, wenn wir weiter an etwas festhalten wollen, was nicht mehr ist, um uns schließlich so zuzusetzen, dass wir gar nicht anders können als weiterzugehen.

Ich finde diesen Gedanken tröstlich. Ich werde dadurch entlastet. Das entbindet mich nicht davon, selbst zu überlegen, was als Nächstes dran ist, selbst Entscheidungen zu treffen. Es beruhigt mich aber, zu wissen, besser noch: zu spüren, dass es in mir eine Kraft gibt, eine Begleiterin, die zugleich eine Führerin ist, die zu mir gehört, ja, die ganz wesentlich zu mir gehört, mich mehr ausmacht als mein bewusstes Ich, die den großen Überblick hat, die am Ende weiß, wo es langgeht. Das spornt mich an, meine ganze Aufmerksamkeit dieser inneren Begleiterin zu schenken, ihr zu lauschen, um ihr dann, so gut ich es vermag, soweit ich sie verstehen kann, zu folgen.

So geht es auch darum, in dieser Lebensphase mich meiner Seele zu überlassen, dem Selbst, das jetzt mehr als mein Ego die Führung übernehmen muss. Denn jetzt soll und muss in mir und mit mir geschehen, was geschehen muss, damit ich – bis zum Schluss – immer mehr der werde, der zu werden ich bestimmt bin. Dabei will und werde ich aber nicht vergessen, dass ich sehr sensibel dafür sein will, wo Gott mich haben will. Dass es mir letztlich darauf ankommt, mich auch in dieser neuen Lebensphase von Gott führen zu lassen, zu tun, was er von mir erwartet.

Das aber heißt für mich auch, bei allen eigenen Anstrengungen es nicht zu übertreiben, sondern mich überraschen und führen zu lassen, im Vertrauen darauf, dass Gott mich dahin führen wird, wo er mich haben will. Dass er das sicher längst schon weiß und es mich wissen lässt, wenn es an der Zeit ist. Mir ging es – und mir geht es, so hoffe ich, solange ich lebe – vor allem um Gott. Bereits in meinen frühesten Tagebuchaufzeichnungen stelle ich mir immer wieder die Frage, was Gott von mir will. So gefällt es mir, wenn ich in der letzten beginnenden Phase meines Lebens bei C. G. Jung lese, wie wichtig es für einen ist, herauszufinden, was Gott von uns will. Man muss, so C. G. Jung, erkennen, „was Gottes Wille ist. Man ist verdammt, wenn man dem nicht folgt. Man ruiniert sein eigenes Leben, seine Gesundheit. Man hat einen Teil seiner Seele verkauft oder verloren."

Das sehe ich für mich auch als eine Herausforderung, bei der nun beginnenden Lebensphase gut hinzuschauen, was für mich dran ist, was es noch zu leben gilt, was ich noch anstoßen, entwickeln, verwirklichen will. Ich weiß, dass mir das nicht immer oder sogar meistens nicht glasklar vor Augen steht, dass es eher eine Ahnung ist, ein vorsichtiges Tasten nach vorne, um dann aber immer deutlicher zu spüren: Ja, das ist meine Richtung.

Dabei weiß ich sehr wohl, wie schwierig es ist und wie sehr man sich dabei verrechnen kann, dass man zu schnell geneigt ist, etwas für Gottes Willen zu halten, was bei näherem Hinsehen nur mein Wille oder der Wille anderer ist. Es motiviert mich aber, fordert mich heraus, offen dafür zu sein, Gottes Willen zu erkennen und davon auszugehen, dass Gott sich in mein Leben einmischt. Das durfte ich jedenfalls oft erfahren.

Was ich Ihnen an die Hand geben möchte:

Es ist gut, beim Übergang in den Ruhestand zunächst ein wenig auszuloten, welche Aktivitäten sich anbieten. Man muss darauf achten, wie es einem bei der Vorstellung, dieses oder jenes zu tun, geht. Auch finde ich wichtig, neben den eigenen konkreten Überlegungen und Bemühungen darauf zu vertrauen, dass uns etwas zufallen wird. Vor allem aber sollten wir nicht einfach weitermachen wie bisher, auf der anderen Seite aber auch nicht einfach nichts mehr tun. Es geht darum, eine gute Mischung zu finden, zum einen das Privileg, über unsere Zeit selbst verfügen zu können, nicht zu verspielen, indem wir uns doch wieder durch Verpflichtungen in ein Raster einsperren lassen. Wir sollten nicht glauben, gar nicht anders zu können, als ständig etwas zu tun. Wir müssen der Gefahr entgehen, zu schnell abzubauen, indem wir gar nichts mehr tun, was uns intellektuell, körperlich oder bezogen auf unsere Kreativität herausfordert. Wir sollten uns frei machen von überzogenen an Aktivität orientierten Altersmodellen und unsere späte Freiheit auch genießen: um aus dieser neu gewonnenen Freiheit heraus uns zu entscheiden, das zu tun, was wir gerne tun und bei dem wir den Eindruck haben, dass es uns und anderen zugutekommt.

4. Gestalte deinen Tag und lasse dich überraschen

„Auf die Beschaffenheit des Tages selbst einzuwirken, das ist die höchste aller Künste", schreibt Henry David Thoreau (1979, 98). Ich bin froh und erleichtert darüber, am Morgen nicht ins Recollectio-Haus fahren zu müssen, um dort Besprechungen zu halten, Gruppen zu leiten, psychotherapeutische Gespräche zu führen, das Programm für die nächste Woche vorzubereiten, den nächsten Kurs zu planen oder Konflikte zu schlichten. Ich nutze das Privileg für mich, nach vielen Jahren, in denen es anders war, endlich die Oberhoheit über die Gestaltung meines Tages zu haben. Ich entscheide, was ich tue, und merke, dass mir das nicht schwerfällt, sondern dass ich es genieße.

(Aus meinem Tagebuch)

Dem neuen Leben eine Gestalt geben

Ich bin dabei, meinem neuen Lebensabschnitt eine Gestalt zu geben. Einfach so in den Tag leben, kann und will ich nicht. Zumindest fällt es mir noch sehr schwer, mir Zeiten zu gönnen, in denen ich nicht an einem Projekt arbeite, also einfach nur da bin, sosehr das auch seinen eigenen Charme hat und ich es ausprobieren sollte. Ich sage ja immer wieder anderen, sie sollten so etwas wie ein heiliges Nichtstun pflegen. Das will ich schließlich auch und vor allem mehr als bisher. Auch könnte das die Seite bestärken, noch mehr einfach mit meinem Sein in Berührung zu kommen, einfach zu leben des Lebens wegen, im Sinne von Meister Eckhart zu leben: „ohne Warum". Das will ich auf alle Fälle im Auge behalten und dennoch brauche ich – so wie ich mich kenne – eine Struktur, die es mir möglich macht, das, was ich tun und erreichen will, auch umsetzen zu können. In dieser Struktur soll das zum Ausdruck kommen, was mir wichtig ist, ja, in ihr soll meine Identität, der, der ich bin, und das, was ich will, zu erkennen sein.

Traumarbeit

Manches von dem, was sich bisher bewährt hat, übernehme ich auch jetzt. So habe ich seit vielen Jahren die Angewohnheit, am Beginn des Tages mich auf meine Träume zu besinnen, sie aufzuschreiben und für einen Moment nachzuspüren, was von ihnen ausgeht, was sie mir in meiner Situation zu sagen haben. Schon während der Nacht, wenn ich nach einem Traum aufwache, gebe ich meinem Traum ein Stichwort, um mich dann am Morgen anhand des Stichwortes an den Traum erinnern zu können. Mir geht es nicht nur darum, den Traum zu interpretieren, sondern darum, das Gefühl, die Energie des Traums aufzufangen und bewusst in mir wirken und nachwirken zu lassen. Es geht mir weiter darum, für das, was in meinem Innenbereich – C. G. Jung würde sagen: in der Person Nr. 2 – passiert, sensibel zu sein, auf diese Weise aber mit dem Tieferen in mir in Berührung zu kommen.

Auch jetzt im Ruhestand beginne ich den Tag damit, mich an meine Träume zu erinnern. Neben meinem Bett liegt mein Traumtagebuch, in das ich noch liegend meine Träume aufschreibe. Ich habe die Erfahrung gemacht, dass es wichtig ist, unmittelbar nach dem Aufwachen mich meinen Träumen zu widmen, da die Erinnerung an sie sonst verblasst. So habe ich auch heute den Tag damit begonnen. Ich konnte mich gut an drei Träume erinnern, die ich kurz aufschrieb: Während des Schreibens und auch danach horchte ich darauf, was sie mir sagen könnten.

Den Aspekten im Traum, die mich innerlich am stärksten ansprechen, schenke ich meine größte Aufmerksamkeit. Da ist zum Beispiel ein Traum mit einem wilden Pferd, das unter Aufbietung aller Kräfte in einer Halle untergebracht werden wollte, obwohl man ihm den Zugang verwehren wollte. Für mich ist das unter anderem ein Bild für Lebendigkeit, Leidenschaft, vielleicht auch Sexualität, die ein Dach, ein Zuhause finden und auch im Ruhestand nicht verdrängt werden wollen, sondern als Lebenskraft für das, was jetzt ansteht, zur Verfügung stehen. Bei einem anderen Traum drückt mir ein geliebter Mensch fest die Hand als Ausdruck unserer Verbundenheit. Davon geht für mich eine Bestärkung aus, die ich gerade auch in dieser Übergangszeit so nötig habe.

Ein weiterer Traum zeigt mir, dass ich mich mitten im Ablöseprozess vom Recollectio-Haus befinde. Ich begegne in meinen Träumen meinem Nachfolger, mit dem ich auch schon viele Jahre zusammenarbeite und den ich mir auch als meinen Nachfolger gewünscht habe. Ich weiß von ihm, dass er im Wesentlichen die bewährte Konzeption des Hauses weiterführen, zugleich aber auch seine eigenen Akzente setzen wird. Sosehr ich das verstehe und auch für richtig erachte, weisen meine Träume mich aber auch darauf hin, dass es mir gar nicht so leichtfällt, zu akzeptieren, dass er für Neuerungen sorgt. Weiter zeigen sie mir: Obwohl ich die Entscheidung getroffen habe, meine Zeit im Recollectio-Haus zu beenden, und das nicht bereut habe, gibt es auch eine Seite in mir, die ihn als Konkurrenten sieht, der mir genommen hat, was bisher mir gehörte.

Vom Kopf her weiß ich, dass das Unsinn ist, aber offensichtlich gibt es auch Seiten in mir, die nicht so vernünftig und edel sind. Meine Träume machen mich darauf aufmerksam und helfen mir damit, mich dieser Seite zu stellen, sie anzuschauen, auch um zu verhindern, dass da etwas Schlechtes und Destruktives in meine Beziehung zu meinem Nachfolger und dem Recollectio-Haus kommt. Für mich heißt das auch, zu verstehen, dass ich solche Gefühle habe und dass ich sie mir zugestehen muss. Vor allem darf ich nicht so tun, als seien sie nicht da. Es ist schließlich nicht so leicht, nach 25 Jahren etwas, für das ich mein Herzblut gegeben habe, loszulassen, mit ansehen zu müssen, wie jemand es anders macht als ich, vielleicht sogar erleben zu müssen, dass er damit erfolgreicher ist.

Als ich nach diesen Träumen aufwache, spüre ich eine große Zuversicht in mir. Allein das ist schon ein Geschenk, an dem, davon bin ich überzeugt, meine Träume beteiligt sind. Sie haben etwas verarbeitet, was mich die Tage zuvor, ohne dass ich es genau einordnen konnte, woher es kam, bedrückt hatte. Alte Gefühle von Unzulänglichkeit und Minderwertigkeit hatten sich nach vorne gedrängt und mich heruntergezogen. Jetzt bin ich frei davon und gehe zuversichtlich in den Tag.

Meine Träume ermutigen mich dazu, mich, meine Gefühle von Wehmut und Trauer, aber auch meine Eifersucht und meinen Neid, ernst zu nehmen. Diese Gefühle dürfen da sein. Ich lasse sie zu, lasse mich aber nicht von ihnen beherrschen. Sie nötigen mich, mich der Wirklichkeit zu stellen, dass ich Abschied nehme. Ich trenne mich von den Dingen, die ich nicht mehr habe.

In einem anderen Traum sehe ich mich, wie ich an der Klosterpforte vorbei aus dem Recollectio-Haus heraus plätschere, auf kleinen Brettern mich über Wasser haltend. Zwischendurch drohe ich abzudriften. Danach träume ich von einer Teamsitzung, in der eine Chefin, ohne Rücksprache mit mir, die Leitung übernommen hat, und dass später eine Fallbesprechung stattfinden soll, über die ich nicht informiert wurde. Mir sagt das: Meine Seele ist voll beteiligt an meinem Übergang, an meinem Abschied vom Recollectio-Haus. Sie begleitet mich dabei.

Ich finde es faszinierend, wie mein tieferes Inneres, meine Seele, um mich weiß und mich begleitet. Da gibt es also eine Instanz in mir, die mir nicht oder nicht immer bewusst ist, die aber ständig präsent und wirksam ist. Diese Instanz betrachtet alles, was um mich herum geschieht, noch einmal von einer tieferen Sicht und vor dem Hintergrund einer größeren Perspektive. Sie hat vermutlich auch schon eine klarere Vorstellung davon, wie es in meinem Leben weitergehen soll, was mir zugedacht ist, was mir entspricht, was es anzugehen gilt. Sie will mich aber auch aufmerksam machen auf das, was innerpsychisch gerade abläuft.

Meine Träume erweisen sich als wichtige Wegbegleiter in meinem Leben, besonders in Übergangszeiten. Wenn ich mir Zeit nehme für meine Träume, schenke ich dem, was mich beschäftigt, meine Aufmerksamkeit: Dadurch lerne ich, Themen, die einer Verarbeitung bedürfen, nicht aus dem Weg zu gehen.

Beten

Nachdem ich mich mit meinen Träumen beschäftigt habe, setze ich mich auf die Bettkante, um mit Gott in Kontakt zu kommen. Manchmal bete ich einfach einen Psalm, ein anderes Mal orientiere ich mich an den Gebetstexten, wie sie im Tedeum, dem Stundengebet im Alltag oder dem Benediktinischen Brevier vorgeschlagen werden. Mir ist es dabei wichtig, bewusst in Kontakt mit Gott zu kommen. Mein Beten setze ich manchmal fort, wenn ich nach dem Frühstück, das meistens meine Frau vorbereitet, mit unserem Hund nach draußen auf die Felder gehe. Ich nehme meinen orthodoxen Rosenkranz in die Hand, und während ich eine Holzperle fasse, denke ich an einen Menschen und spreche: „Erbarme dich seiner, erbarme dich ihrer."

Oder heute Morgen, es ist gerade Mai, und ich beginne mit dem „Gegrüßet seist du Maria", wiederhole die einzelnen Sätze immer wieder oder auch nur einzelne Wörter. Ich begrüße damit Maria, rufe meine Worte in die mich umgebende Landschaft. Vor einigen Tagen, als ich mich allein wähnte, sang ich Marienlieder, die ich, dank meiner Internatszeit und der Liebe meiner Mutter zu Maria, zum Teil noch auswendig kenne. So auch das Lied „Maria Maienkönigin, dich will der Mai begrüßen". Dieses Lied fügt sich in die mich umgebende Natur mit ihren Farben, Gerüchen und üppig blühenden Rapsfeldern in das Morgenkonzert zur Ehre Gottes.

Ich muss an die heilige Teresa von Avila denken, die vorschlägt, uns der Natur zuzuwenden, wenn wir Probleme mit dem Beten haben. „Gehe zu einem Platz, wo du den Himmel sehen kannst, und gehe dort ein wenig auf und ab", schreibt sie. Sie liebt die Nähe zur Natur. Sie drängt uns dazu, in unseren Gebeten die Natur zu umarmen. Wenn wir wirklich mit der Erde verbunden sind, „dann lernen wir, dass spirituelles Leben vergleichbar ist mit Bienen, die Honig machen, mit Seidenspinnern, die ihre Kokons spinnen, Fischen, die in einem reißenden Bach schwimmen".

Ich habe mir vorgenommen, mir jeden Tag bewusst eine Stunde Zeit zu lassen für meine Begegnung mit Gott. Damit meine ich, bewusst Kontakt zu Gott aufzunehmen. Es gibt viele Momente des Tages, in denen ich an Gott denke, doch darüber hinaus will ich eigens Zeiten finden, in denen ich innehalte und in Form von Beten und Betrachten, auch durch das Gebet mit anderen Menschen in den Kontakt mit Gott trete. Von Henri Nouwen weiß ich, dass er sich dafür eine Stunde am Stück Zeit nahm und in dieser Zeit einfach in der bewussten Gegenwart Gottes verweilte. Er schreibt über diese Zeit, dass er dabei oft abgelenkt war, mit den Gedanken ganz woanders weilte, sich dadurch aber nicht davon abbringen ließ, an dieser einen Stunde Zeit mit Gott festzuhalten.

Ich merke: Sosehr ich das will, sosehr ich mir diese Zeit mit Gott nehmen will, gelingt es mir nicht so richtig, lasse ich mich sehr schnell von anderen Dingen, die anscheinend wichtiger sind oder auf die ich mehr Lust habe, davon abbringen. So ist es zunächst mein Ziel, am Tag insgesamt eine Stunde zusammenzubringen, indem ich während des Tages bewusst Akzente setze, in denen ich in den bewussten Kontakt mit Gott trete. Daran arbeite ich. Indem ich das Wort „arbeiten" gebrauche, wird deutlich, dass es dazu auch einer gewissen Disziplin bedarf, sosehr ich Teresa von Avila zustimme, dass Beten vergleichbar ist oder sein sollte mit einem Gespräch, das ich mit Freunden führe, also etwas, was ich gerne tue, wozu es mich drängt. Das kenne ich auch, aber es bedarf wohl auch des richtigen Zeitpunkts, eines Raumes, einer entsprechenden Atmosphäre dazu. Auch merke ich, wie sehr es von Vorteil sein kann, zu festgelegten Zeiten, wie das im Kloster möglich ist, miteinander zu beten.

Ich bin also noch dabei, die richtige Form zu finden, dieses Vorhaben zu verwirklichen und in meinen Tagesablauf einzubauen. Wenn es für mich wirklich eine Herzensangelegenheit ist und es sich nicht nur um eine idealisierte Vorstellung darüber handelt, wie ich jetzt mein spirituelles Leben pflegen soll, werde ich die Zeit und Form dafür finden, das umzusetzen. Als ich vor einigen Tagen einen Vortrag in Straubing hatte, bin ich um die Mittagszeit in das Benediktinerkloster Niederaltaich gefahren, um dort am Mittagsgebet teilzunehmen. Solche Möglichkeiten will ich in Zukunft noch mehr nutzen.

Schweigen und Stille

Noch keine richtige Form habe ich für die Zeit der Stille gefunden. Während ich in den Tagebüchern von Thomas Merton (2005) lese, wird mir plötzlich bewusst, dass er ja angehalten war, die meiste Zeit über zu schweigen. Irgendwie hatte ich das vergessen. Er schreibt über die Bedeutung des Schweigens:

> „Das Schweigen der Welt ist das Wirkliche. Unser Lärm, unsere Geschäftigkeit, unsere Vorhaben und all unser albernes Gerede über unsere Vorhaben, unsere Geschäfte, unser Lärm – das ist der Wahn. Gott ist gegenwärtig und SEIN Gedanke wacht lebendig in der Fülle und Tiefe und Breite alles Schweigens der Welt. Der Herr wacht im Mandelbaum über der Erfüllung Seines Wortes (Hebr 1,11-12). Ob das Flugzeug heute oder morgen vorüberzieht, ob die gewundene Straße voller Wagen ist oder nicht, der Baum bringt schweigend seine Blüten hervor. Ob das Haus leer ist oder voller Kinder, ob die Männer zur Stadt zur Arbeit gehen oder mit Traktoren auf dem Felde arbeiten, ob der Ozeandampfer Touristen oder Soldaten in den Hafen bringt, der Mandelbaum bringt schweigend seine Blüten hervor."

Für mich ist jetzt eine Zeit angebrochen, in der ich dem Schweigen eine größere Aufmerksamkeit schenken kann. Das als ein Privileg zu erkennen, fällt mir im Grunde genommen nicht schwer. Spüre ich doch tief in mir ein Verlangen danach, entdecke ich darin auch die Sehnsucht nach der Hütte, in die ich mich zurückziehen kann, um mit mir und Gott alleine sein zu können – zumindest öfter als bisher.

Ich versuche, diese Sehnsucht zu leben, indem ich mich am Abend für 20 Minuten auf meinen Meditationshocker setze, die Kerzen vor meinen Marien-Ikonen entzünde und schweige. Oder ich spiele eine alte Kassette ab, auf der immer nur ein Kyrieeleison gesungen wird, und lasse mich davon innerlich mitnehmen. Was mir augenblicklich fehlt, ist das Beten mit anderen. Ich gehe am Sonntag in den Gottesdienst, in der Regel zu den Augustinern und schaue, dass ich zweimal im Jahr für eine Woche Exerzitien machen kann, einmal davon bei den Karmelitinnen in Dachau.

Bisherige Tätigkeiten und Leidenschaften weiterführen

Was meine weitere berufliche Tätigkeit betrifft, so tauchen, nachdem ich die Entscheidung getroffen habe, ihr weiterhin in meinem neuen Lebensabschnitt Raum zu lassen, erste neue Konturen auf. Wie gesagt schreibe ich, halte Vorträge, führe Gespräche und mische mich hin und wieder in das kirchliche Geschehen ein. Ich sehe den Bestsellerautor und Psychotherapeuten Irvin D. Yalom vor mir, wie er in einem Film über sein Leben an seinem Schreibtisch sitzt und an den Fingernägeln kauend an einem neuen Buch schreibt. Am Abend sitzt er dann in seinem Whirlpool, in Kalifornien „Hot Pot" genannt, um sich zu entspannen und sich Gedanken darüber zu machen, wie es in seinem Buch weitergeht. Es gibt also genug Anregungen für mich, und es geht jetzt darum, die Form für mich zu finden, die meiner Situation und meinen Möglichkeiten entsprechend die richtige ist. Die werde ich nicht gleich finden, da muss ich auch einiges ausprobieren, manches verwerfen, bis ich schließlich zu der Form gefunden habe, die zu mir passt.

Den Arbeitstag beginne ich mit Schreiben. Der Morgen ist für mich die Zeit, in der ich die besten Ideen habe, ich frisch bin und regelrecht Lust zu schreiben habe. Das konnte ich früher nur an den Wochenenden oder im Urlaub so praktizieren, da bisher während der Woche mein Tag mit der Arbeit im Recollectio-Haus begann. Das ist ein richtiger Vorteil gegenüber meiner bisherigen Praxis. Das Schreiben ist etwas, zu dem es mich regelrecht hinzieht. Schon als Student zog ich mich, wo immer ich mich aufhielt oder studierte, oft zurück, um über alles, was mich bewegte, was mir durch den Kopf oder das Herz ging, was um mich herum geschah, zu schreiben. Jetzt habe ich endlich die Zeit, die ich eigentlich immer schon haben wollte, dieser Leidenschaft nachzukommen.

Gleich nach dem Schreiben oder einhergehend damit kommt meine Liebe für Vorträge. Es ist die Fortsetzung des Schreibens. Es ist wie gesagt die Möglichkeit, das, was ich schreibe, persönlich und nicht nur über die Bücher anderen zu vermitteln, und das noch einmal auf eine andere Art. Es gibt mir die Möglichkeit, meine Leser und Leserinnen kennenzulernen, sie direkt anzusprechen, das, was ich durch die Bücher versuche zu vermitteln, jetzt durch meine Person, die Art und Weise, wie ich es sage, mitzuteilen. Dabei ist es für mich wichtig, dass ich mich auf meinen Auftritt freue, dass ich Lust darauf habe. Ich nehme mir daher auch vorher viel Zeit, den Vortrag gut vorzubereiten, zu aktualisieren. Ich beschäftige mich mit der Frage, welche Personen kommen werden und in welchem Rahmen die Veranstaltung stattfindet.

Ich erinnere mich an einen Gastvortrag des Alttestamentlers Käsemann, der mir auf einen Brief geantwortet hat, dass in einem Vortrag immer eine Prise Salz vorhanden sein müsse, etwas, was das Ganze würzig und schmackhaft macht. Das versuche ich auch und merke, wie es meine Lust auf das Vortragen steigert.

Jetzt habe ich noch mehr Zeit, meine Vorträge entsprechend vorzubereiten, und muss nicht wie bisher meine Wochenenden für die Vorbereitung opfern. Auch muss ich nicht gleich nach den Vorträgen wieder die Heimreise antreten, um am nächsten

Tag am Morgen die Arbeit im Recollectio-Haus wahrzunehmen, sondern kann im Hotel übernachten, am nächsten Tag gemütlich frühstücken, mir auch mehr Zeit einplanen, in der Stadt, in der ich bin, mich mit Bekannten zu treffen oder ein Museum zu besuchen.

Die geistliche und psychotherapeutische Begleitung, die ich anbiete, führe ich in der Regel von Montag bis Donnerstag am späten Vormittag und am Nachmittag durch, wobei es mein Ziel ist, nicht mehr als zwei oder drei Gespräche an diesen Tagen zu führen. Ich verfüge über ein eigenes Sprechzimmer in dem Haus, in dem ich wohne. Es ist ein schönes Gefühl, in einem neuen Ambiente diese Gespräche zu führen. Auf diese Weise geht auch etwas Gewohntes weiter. Ich kann es mir von der Zeit her besser einteilen, wann ich die Gespräche führe, und entscheide selbst, in welchem Umfang ich Gespräche führen will. Es ist etwas ungewohnt, dass ich zwischendurch in meinen privaten Bereich gehen kann, um dort etwas anderes zu tun.

Bisher vermisse ich noch nicht das Team, in dem wir uns über unsere Gäste ausgetauscht haben, sosehr ich diese Treffen geschätzt habe. Meine Supervisionsgruppe, mit der ich mich die letzten 25 Jahre regelmäßig getroffen habe, habe ich verlassen, da für mich klar war, dass meine Beratertätigkeit nur einen kleinen Teil meiner zukünftigen Arbeit ausmachen wird, dass ich es jedenfalls darauf beschränken will. Wir alle aus der Gruppe sind uns über die Jahre natürlich persönlich sehr nahegekommen. Dennoch finde ich es gut, dass ich hier den Schnitt gemacht habe, da eine weitere regelmäßige Teilnahme unverhältnismäßig zum Umfang meiner Gespräche gewesen wäre, und immer wieder einmal von Fall zu Fall teilzunehmen wäre nach meinen Erfahrungen problematisch und letztlich unbefriedigend gewesen. Um zu gewährleisten, dass ich meine psychologische und geistliche Beratung auch einer kritischen Reflexion unterziehe, will ich mich von Fall zu Fall um eine Supervision bemühen. Mit einer befreundeten Kollegin will ich eine Gruppe anbieten, da ich die Gruppenarbeit immer sehr gerne gemacht und als Bereicherung empfunden habe.

Neue Bereiche

Ein neuer Bereich meines „neuen" Lebens eröffnet sich mir in unserem familiären Haushalt. Bisher war dort eindeutig meine Frau die Bestimmende, und das wird sie auch weiterhin bleiben. Ich will mich aber mehr als bisher an den häuslichen Pflichten beteiligen. So habe ich mir vorgenommen, zunächst einmal mindestens einmal in der Woche zu kochen. Als ich in den USA studierte, war es selbstverständlich, dass ich kochte. Ich besitze heute noch das Dr. Oetker-Kochbuch, das ich damals benutzte und das ich auch jetzt wieder zurate ziehen werde. Meine ersten Versuche sind jedenfalls vielversprechend, zumal ich in meiner Frau eine wohlwollende Kritikerin habe. Auch beim Hausputz will ich mich mehr als bisher beteiligen.

Auch wenn das Kochen eine Herausforderung für mich ist, will ich mich dem stellen. Ich habe mit vielen Männern gesprochen, die sich in einer ähnlichen Situation wie ich befinden, und habe viel Gutes von ihnen vernommen. Vielen macht es Spaß. Andere entdecken dabei eine Seite von sich, die sie bisher gar nicht gekannt haben. Sie begnügen sich nicht damit, in einem Kochbuch nachzuschauen, wie sie vorgehen sollen, sondern nehmen eigens an einem Kochkurs teil. So weit bin ich noch nicht. Aber vielleicht steigere ich mich ja auch. Immer wieder hört man ja davon, dass sich die Partner, wenn der eine Partner jetzt ständig zu Hause ist, bewusst auf die neue Situation einstellen müssen. Dass sie miteinander klären müssen, wer wofür zuständig ist, und den richtigen Weg finden müssen, dem Partner zu sagen, wie etwas richtig gemacht wird.

Da mein Anteil an den häuslichen Pflichten weiterhin überschaubar bleibt, ist das bei uns kein Problem. Dazu kommt, dass meine Frau, die bisher auch in begrenzterem Umfang als ich berufstätig war, mit mir zusammen in Rente geht. Sie hat jetzt auch mehr Spielraum für die Dinge, die sie gerne macht, darunter die Gartenarbeit. Augenblicklich genießen wir es, uns gegenseitig im Haushalt zu unterstützen, vor allem aber öfter etwas zusammen zu unternehmen, wie in einem Würzburger Café miteinander zu frühstücken und während der Woche kleine Touren in der Umgebung zu machen. Dabei entdecken wir unsere nähere Umgebung, kommen zu Plätzen, zu denen wir in den vergangenen 25 Jahren nie hingekommen sind, weil wir nicht die Zeit dazu hatten oder sie uns nicht genommen haben.

Sich überraschen lassen

Meine Freundin Conni ist Spezialistin für Altersforschung und hat sich sehr intensiv mit Übergängen im Leben befasst, auch mit der Frage, inwieweit Übergänge unser Leben bereichern können. Sie bringen die Chance mit sich, so sagt sie mir am Telefon, Neues zu entdecken und in unserem Leben zuzulassen. Gerade die Unsicherheit, nicht genau zu wissen, wie es weitergeht, die Unterbrechung bisheriger Überlegungen, kann aus uns etwas herauslocken, was wir bisher noch nicht gedacht, geschweige denn umgesetzt haben. Dafür ist es notwendig, uns von den alten Bildern und Vorstellungen, wie etwas zu sein hat, zu lösen und die Unsicherheit, die damit einhergeht, auszuhalten.

Vor einiger Zeit bin ich einem Würdenträger begegnet, der seine Ämter aufgibt und sich jetzt auf die Zeit danach vorbereitet. Er will das alte Leben hinter sich lassen. Er will es nicht so machen, wie es manche seiner Kollegen tun, die ihre bisherige Wohnung beibehalten, sich von zwei Ordensfrauen versorgen lassen und das eine oder andere Privileg, das ihnen bisher zustand, wie Anspruch auf den Fahrdienst usw., ausnutzen. Er will für sich alleine leben, sich selbst um das Kochen und seine Wohnung, bis hin zum Putzen der Wohnung kümmern. Er will als Privatperson unter die Menschen gehen, mit dem Bus fahren, selbst einkaufen. Er will vor allem sich davon überraschen lassen, Gott im Alltag, im Alltäglichen zu entdecken, ganz im Sinne von Joseph Beuys, der einmal sagte, die Mysterien finden auf dem Hauptbahnhof statt.

Ich finde das faszinierend und denke mir: Für ihn geht das Leben weiter. Der nutzt den Wechsel als eine Chance. Er stellt sich neuen Herausforderungen. Dafür ist es aber wichtig, das Alte hinter sich zu lassen. Nicht weil es veraltet ist. Es hatte seinen Wert, und ich darf und soll dankbar darauf schauen. Aber ich sollte nicht davon leben, davon zehren. Vielmehr gilt es, mir ein neues Land zu erschließen, mich zu neuen Ufern aufzumachen. Das setzt aber voraus, dass ich ins Wasser springe, das Alte hinter mir lasse und mich davon überraschen lasse, was da auf mich zukommt.

Ich sehe klarer, was meine Zukunft betrifft. Abschied vom Recollectio-Haus. Wirklich loslassen. Das ist zunächst einmal für mich selbst wichtig. Und dann schauen, was kommt, was ansteht. Was jetzt gilt. Mich überraschen lassen. Doch zunächst: Abschied nehmen. Ich merke, wie von dieser Vorstellung etwas Befreiendes ausgeht. Und dann: noch mehr den Weg nach innen gehen, in die Tiefe. Mich zurücknehmen. Mich nicht abhängig machen von Kontakten. Die Kontakte pflegen, die ich haben möchte. Ich verspüre große Dankbarkeit, Ruhe, Ausgeglichenheit in mir, Bereitschaft, zu leben, ganz zu leben, die Zeit, die mir beschieden ist, noch intensiver, voller zu leben, zu nutzen, auszuloten, was noch möglich ist, mich umzusehen. Ich muss loslassen, und ich werde loslassen. Wenn mir das gelingt, und ich bin zuversichtlich, dass es mir gelingt, gelange ich in eine neue Freiheit.

(Aus meinem Tagebuch)

Ob ich schon so weit bin? Ich glaube, noch nicht ganz. Da gibt es manches, von dem ich weiß, dass es weitergehen wird, zum Beispiel, dass ich weiterhin Vorträge halten, Bücher schreiben und in begrenztem Umfang psychologische und spirituelle Begleitung anbieten werde. Andere Bereiche, die möglicherweise noch infrage kommen, bleiben zunächst im Dunkeln. Das allerdings, so weit bin ich schon, wird nur eine Zwischenphase sein, die um etwas bereichert oder irgendwann sogar abgelöst werden muss von etwas anderem, was auch immer das sein wird. Da bin ich mir noch nicht sicher. Da fehlt mir noch eine Perspektive. Da bin ich einfach noch nicht so weit, einfach zu springen, um mich überraschen zu lassen. Vielleicht habe ich auch nicht den Mut dazu. Es ist, wie wenn ich mit einem Fernglas in die Ferne schaue und nichts oder manches nur sehr unscharf sehe.

Während ich das schreibe, spüre ich, wie es auch etwas Verlockendes und Spannendes an sich hat, nicht genau zu wissen, was ich in einem halben Jahr oder in einem Jahr machen werde. Sich bei allem Planen und Überlegen auch davon überraschen zu lassen, was passieren wird. Bisher war das meiste berechenbar. Ich wusste, wann und wie die Kurse im Recollectio-Haus stattfinden und ablaufen. Natürlich gab es Überraschungen, aber im Wesentlichen war klar, wie ich meine Arbeitszeit verbringen würde.

Ich denke an die Zeit, als ich mit dem Studium und der Doktorarbeit fertig war und ich nicht so genau wusste, wie es jetzt weitergehen wird. In dieser Situation kam ein Angebot von einem Theologen, der in der Erzdiözese Freiburg arbeitete, dort am Institut für pastorale Weiterbildung mitzuarbeiten. Oder ich denke an die Zeit, als ich merkte, dass der Beruf des Priesters, anders als vorher gedacht und von meiner Umwelt favorisiert, nicht wirklich meine Berufung war, und mir nach langem Hin und Her klar wurde, dass ich schließlich als Psychotherapeut das verwirklichen konnte, was meinem innersten Bild von dem, was ich tun wollte, entsprach und was sich bis heute als richtig erwiesen hat.

Das alles lässt mich hoffen, dass ich mit der Zeit herausfinde, was für mich noch zu entdecken ist. Was ich bei der Suche dazu beitragen kann, ist, offen dafür zu sein, die Augen aufzumachen, die Fühler meiner Seele auszustrecken, um dann, wenn sich etwas anbietet, zu spüren: Das könnte es sein. Dann werde ich innerlich wach und bereit dafür sein, mich darauf einzulassen.

Was ich Ihnen an die Hand geben möchte:

Ein Klischee vom Ruheständler sieht ihn als einen, der in der Frühe nicht aus dem Bett kommt, die meiste Zeit vor dem Fernseher verbringt, seine Ehefrau nervt, da er sich in die häuslichen Angelegenheiten einmischt usw. Die Gefahr, jetzt, da es keine zeitlichen Vorgaben mehr gibt, sich zu verlieren, besteht natürlich. Mit der Zeit sollte man für sich eine Struktur entwickeln, die in etwa den Tagesablauf regelt. Die Mönche treffen sich einige Male am Tage zu festgesetzten Zeiten zum Gebet. Das gibt ihrem Tag eine Form und unterstreicht, was ihnen wichtig ist. So sollte es auch im Ruhestand sein. Was man dann noch tut, sollte wichtig sein. Es sollte etwas von uns selbst, was für uns von Bedeutung ist, zum Ausdruck bringen. Darüber hinaus sollte von der inneren Haltung her eine Offenheit vorhanden und von den zeitlichen Gegebenheiten die Möglichkeit gegeben sein, etwas ganz Neues auszuprobieren und sich überraschen zu lassen.

5. Sorge für dich

Mein Freund Andreas schenkte mir zum Eintritt ins Rentenalter zehn Stunden Leibarbeit. Darunter verstand er zehn Besuche in einem Fitnesscenter. Als Mediziner ist ihm daran gelegen, dass ich gut mit meinem Körper umgehe, und er weiß, dass in meinem Alter Muskelaufbau und Bewegung angesagt sind und sich positiv auf mein körperliches und seelisches Befinden auswirken.

In seinem letzten Tagebuch schreibt Henri Nouwen (2000, 42f.), dass ihn seine Freunde Jonas und Nathan anlässlich einer Sabbatzeit dazu überreden konnten, in einen Fitnessclub zu gehen, obwohl er nicht wirklich Lust dazu hatte. Er bekennt, dass Sport in seinem Leben nie eine Rolle gespielt habe und er abgesehen von gelegentlichem Schwimmen nichts getan hat, um sich fit zu fühlen. Der Aufenthalt im Fitnesscenter erinnerte ihn an eine Folterkammer, „in der Männer und Frauen ächzen und stöhnen, wenn sie die ‚Tretmühle' antreiben, Gewichte heben und sich im Dampfbad kochen lassen" (42).

Mir erging es anders. Das ausführliche Vorgespräch mit Albrecht, einem Mitarbeiter des Clubs, machte mir zunächst bewusst, wie wichtig es ist, unserem Körper unsere Aufmerksamkeit zu schenken und achtsam mit ihm umzugehen. Ich habe das über viele Jahre anderen gepredigt und natürlich auch immer wieder versucht, selbst zu praktizieren, indem ich beispielsweise regelmäßig laufen oder schwimmen ging. Doch tatsächlich habe ich in den vergangenen Jahren meinen Körper sträflich vernachlässigt, indem ich mich zu wenig bewegt habe, ihm Schaden zugefügt, indem ich zu viel gegessen oder auch mich nicht immer gesund ernährt habe. Das kann man im Alltag alles schön zudecken und übergehen. Bis man dann in einem Fitnesscenter damit konfrontiert wird, wie sehr man in vielen Bereichen, was Gewicht, Körperfettmasse, Muskelmasse usw. betrifft, von der Norm abweicht. Man wird sensibler dafür, dass die alte Erkenntnis: mens sana in corpore sano, dass also in einem gesunden Körper ein gesunder Geist steckt, stimmt.

(AUS MEINEM TAGEBUCH)

Ich bin mein Leib

Solange wir leben, ist es unsere Aufgabe, uns um uns selbst zu kümmern. Das gilt für alle Bereiche unseres Lebens, den emotionalen, den spirituellen, aber nicht weniger für den körperlichen Bereich. Alles, was in unserem Leben von Bedeutung ist, unsere Gedanken, unsere Gefühle, unsere Spiritualität hängen ganz entscheidend auch von der Beschaffenheit unseres Körpers ab.

In einer römischen Fabel von der Sorge wird berichtet: Als die „Sorge" über einen Fluss ging, sah sie tonhaltiges Erdreich. Sinnend nahm sie davon ein Stück und begann, es zu formen. Während sie bei sich darüber nachdenkt, was sie geschaffen, tritt Jupiter hinzu. Ihn bittet die Sorge, dass er dem geformten Stück Ton Geist verleihe. Das gewährt ihr Jupiter gern. Als sie aber ihrem Gebilde nun ihren Namen beilegen wollte, verlangten Jupiter und die Erde, dass das geformte Stück Erde nach ihnen benannt werden sollte. Die Streitenden nahmen Saturn zum Richter. Der entschied, dass Jupiter beim Tod dieses Wesens seinen Geist, die Erde den Körper empfangen soll. Weil aber die Sorge dieses Wesen zuerst gebildet hat, soll sie es, solange es lebt, besitzen. Da es aus Humus, aus Erde gemacht ist, soll es „homo", das heißt „Mensch", heißen.

Die Sorge um andere, aber auch die Sorge um mich selbst, habe ich schon früher immer wieder versucht zu beherzigen, mit mehr oder weniger großem Erfolg. Wir übernehmen in der Sorge um uns selbst nicht nur Verantwortung für die eigene Person, sondern auch Verantwortung anderen gegenüber, da dadurch die Belastung, die anderen entsteht, wenn wir uns nicht um uns selbst kümmern, verringert wird. Selbstsorge ist damit alles andere als ein selbstbezogenes Kreisen um sich selbst, sondern Ausdruck eines selbstverantwortlichen Lebens. Der Ruhestand bietet sich als Chance an, noch einmal genauer hinzuschauen, ob wir uns genügend um uns selbst kümmern und ob wir unser Verhalten uns selbst gegenüber korrigieren müssen. Das betrifft die Sorge um unseren Körper, die Sorge um unsere Psyche und die Sorge um unsere Seele.

Nicht umsonst steht, je älter wir werden, die Sorge um unseren Körper im Vordergrund. Dabei übersehen wir oft, dass die Sorge um unseren Körper mehr meint, als uns zu schonen und körperlich kürzerzutreten. Bei der Sorge um unseren Körper geht es um uns als ganze Person, um unser körperliches und seelisches Wohlergehen. Karlfried Graf Dürckheim (1984, 170) spricht daher lieber vom Leib, um deutlich zu machen, dass unser Leib mehr ist als unser Körper, den wir trainieren, um funktionstüchtig und leistungsfähig zu sein, und von dem wir meinen, ihn wie ein Instrument bedienen zu können.

Er plädiert dafür, uns dessen, was man Körper nennt, als des Leibes, der man ist, innezuwerden (171). Dabei geht es darum, dass ich zunehmend ein Gespür dafür bekomme, dass ich selbst mein Leib bin. Das aber verlangt von mir, in Beziehung zu meinem Leib zu treten, in Berührung mit ihm zu kommen und auf ihn zu hören. Das wird mir aber nur gelingen, wenn ich achtsam und respektvoll mit meinem Leib umgehe. Er ist dann für mich nicht länger ein Esel, den ich schinde, vernachlässige, ausbeute. Jetzt begegne ich ihm ehrfurchtsvoll, behutsam und zärtlich und möchte, dass mein Leib Ausdruck meiner selbst ist, dass ich mich gerne in ihm aufhalte, mich in ihm und mit ihm wohlfühle.

Mir wird jetzt im Ruhestand bewusst, wie sehr ich zum Teil Raubbau mit meinem Leib betrieben habe, ihm zu wenig Aufmerksamkeit geschenkt habe. Zu oft habe ich die Müdigkeit, die mir mein Körper signalisierte, nicht ernst genommen. Ich habe es immer wieder vergessen und musste, manchmal auch durch meinen Körper selbst, daran erinnert werden, dass er nicht über unerschöpfliche Reserven verfügt, aus denen ich unbegrenzt schöpfen und die ich ungestraft einfach ausbeuten kann. Da ich mir zu Beginn des Ruhestands nicht einige Wochen Auszeit gegönnt habe, spüre ich jetzt noch die Nachwirkungen der Überforderung, zumal ich weiterhin durch Verpflichtungen, die ich auf mich genommen habe, zusätzlich körperlich in Anspruch genommen werde.

Jetzt liegt es mehr als bisher an mir, dass ich darüber entscheide, wie viel ich arbeiten, wie sehr ich unter Druck arbeiten will, vor allem aber, wie viel freie Zeit ich mir zur Regeneration gönne. Ich entscheide, ob ich meinen Körper weiter wie einen Esel behandle, den ich mit Fußtritten dazu antreibe, noch mehr zu leisten, oder ihn pfleglich behandle, weil ich ihm dankbar dafür bin, dass er mich trägt. Ich will nämlich, dass er das noch lange macht.

Dabei geht es mir nicht darum, mein Alter oder die körperlichen Anzeichen, dass ich gealtert bin, zu übertünchen, gar mit operativen Eingriffen zu beheben. Das ist nicht meine Art, liebevoll mit meinem Körper umzugehen, ich kann das aber anderen, die das für sich brauchen, zugestehen. Ich finde es zum Beispiel wichtig, sich gehen zu lassen, und zwar in dem Sinne, dass man alles langsamer angeht und nicht länger dem Stress des Alltags ausgesetzt ist. Doch das muss nicht heißen, dass man weniger als bisher seinen Körper pflegt, keinen Wert mehr auf sein äußeres Aussehen legt. Mir ist wichtig, dass ich mich körperlich fit halte und keinen Bierbauch vor mir hertrage. Wichtig ist aber auch, dass ich meinem Körper durch übertriebene Hektik nicht unnötig schade. Insofern kann man sagen, dass Sport allein nicht ausreicht: Entspanntheit *und* Gelassenheit wirken sich ebenfalls gut auf den Körper aus.

Sich bewegen

Ideal ist es natürlich, wenn Entspanntheit und Bewegung kombiniert werden. Möglichkeiten und Gelegenheiten, sich zu bewegen, gibt es viele: spazieren gehen, Treppen steigen, im Garten arbeiten, einen Fitnessclub besuchen, bergsteigen, schwimmen, laufen, Fahrrad fahren, Tennis spielen. Schnelles Gehen von 20 bis 30 Minuten verbrennt Kalorien und hat positive Auswirkungen auf unser kardiovaskuläres System. Neben körperlichen Übungen trägt auch eine gesunde Diät zu unserem körperlichen Wohlergehen bei.

Gerade sind wieder neue Studienergebnisse veröffentlicht worden, nach denen die Deutschen sich zu wenig bewegen. Mindestens 22 Minuten sollten wir uns am Tag bewegen. Die Akademiker bewegen sich am wenigsten. Jene, die sich mehr bewegen, leben in der Regel länger. Wer darüber hinaus auch noch etwas für seinen Muskelaufbau tut, indem er in ein Fitnessstudio geht, fördert seine körperliche Ausdauer und schützt sich vor Unfällen, die durch Stürze herbeigeführt werden. Die klare Botschaft ist hier: sich bewegen und noch einmal bewegen. Jetzt im Ruhestand gibt es eigentlich keine Entschuldigung mehr, diese Botschaft nicht ernst zu nehmen. Ausreden wie: „Ich bin zu faul", „Ich werde mich nicht mehr ändern", "Ich habe keine Zeit dafür", „Es ist zu warm, zu kalt, es regnet", „Vielleicht fange ich nächste Woche damit an", überzeugen nicht. Es liegt an uns, ob wir den inneren Schweinehund überwinden können und, statt uns körperlich gehen zu lassen, im wahrsten Sinne des Wortes in Bewegung bleiben.

Das geht auch ohne zusätzlichen Druck und Stress. Ja, es kann uns mit der Zeit sogar Spaß bereiten, ganz abgesehen davon, dass wir damit belohnt werden, dass wir uns wohler fühlen. Ich gehe vier- bis fünfmal in der Woche zum Schwimmen. Dabei genügt es mir, zehn Minuten zu schwimmen. Da ich eine Jahreskarte in einem Saunagarten habe, kann ich das mit einem kurzen Besuch in der Sauna verbinden. Jeden Morgen gehe ich mit unserem Hund kurz spazieren, dann noch einmal gegen 23:00 Uhr für eine halbe Stunde. Am Wochenende unternehme ich zusammen mit meiner Frau größere Wanderungen. Zweimal im Monat gehe ich in ein Fitnessstudio zum Muskelaufbau. Da habe ich noch nicht den richtigen Rhythmus gefunden und bin gerade dabei, mir die Freiheit zu nehmen, die Übungen zu machen, die mir am meisten Spaß bereiten. Auch gehe ich nicht systematisch vor und gebe mich damit zufrieden, mir überhaupt Zeit dafür zu nehmen.

Mein Freund Andreas, der mich manchmal ins Fitnessstudio begleitet, unterstützt meine Bemühungen, indem er meine Fortschritte lobt und mich weiter dazu motiviert, dranzubleiben. Diese Unterstützung durch Freunde, sich zu treffen und gemeinsam zu bewegen, ist sehr wichtig als Stütze und zusätzliche Motivation.

Das Fleisch ist das Eingangstor zum Heil

Für mich hat die Sorge um meinen Leib auch eine spirituelle Dimension. So können nach meiner Erfahrung unsere Spiritualität und die Praxis unserer Spiritualität nicht losgelöst gesehen werden von unserem Leib. Was uns als spirituelles Wesen ausmacht, sind wir als gesamte Person, in der Seele und Leib eine Einheit bilden. „Geister ohne Körper", schreibt der Kirchenlehrer Irenäus von Lyon, „werden niemals spirituelle Männer und Frauen sein." Auch ein geistliches Leben bedarf unseres Leibes, um gelebt werden zu können. Sehr treffend beschreibt das der Benediktiner Meinrad Dufner in folgendem Gedicht:

> Ob ich Gott liebe – das ist eine Frage.
> Ob ich mich liebe – das ist auch eine Frage.
> Wie kann jemand die eine Frage bejahen,
> Wo er die andere verneint?
> Nein! Ich liebe Gott nur, wenn ich mich liebe.
> Alles Leben ist menschliches Leben im Leib.
> Geistliches Leben
> Braucht einen Leib,
> Mit dem es gelebt wird;
> Ein Wort, ein Lachen,
> Ein Herz voller Herz.
> Glauben ist eine Körperhaltung und Gangart,
> Eine Weise zu lachen
> Und hinzuschauen.

Caro cardo salutis, das Fleisch ist das Eingangstor zum Heil. Diese Erkenntnis eines Kirchenvaters hat mich über die vielen Jahre meiner Tätigkeit im Recollectio-Haus begleitet, bei der es mir auch darum ging, die Personen, die zu uns kamen, dafür zu sensibilisieren, wie wichtig eine angemessene Sorge um unseren Körper ist. Der Dichter Johann Peter Hebel stellt nüchtern fest: „Wir sind Pflanzen, die – wir mögen's uns gerne gestehen oder nicht – mit den Wurzeln aus der Erde steigen müssen, um im Äther blühen und Früchte tragen zu können."

Ob wir Frucht tragen zur rechten Zeit oder ob unsere Blätter welken, das hängt auch davon ab, welche Einstellung wir unserem Körper gegenüber haben und ob wir seine Bedürfnisse würdigen. Nur wenn unsere Wurzeln tief in die Erde reichen können, wenn die Lebenskräfte und Lebenssäfte, die Voraussetzung dafür sind, dass wir Lust, Energie und Freude spüren und erfahren können, uns zur Verfügung stehen, sind wir wie ein Baum, der tief verwurzelt in der Erde sich nach oben strecken kann, wirklich dastehen kann, sich zeigen kann.

Die Sorge um uns selbst zeigt sich auch darin, uns im Ruhestand die Zeit zu nehmen, notwendige ärztliche Vorsorgeuntersuchungen und notwendige Arzttermine wahrzunehmen. Es gibt Leute, die das übertreiben. Die von einem Arzt zum anderen pilgern. Es gibt aber auch jene, die es gar nicht genau wissen wollen, wie es körperlich bei ihnen aussieht. Das aber ist unverantwortlich sich selbst gegenüber.

Unser Alter darf man uns ansehen

Ich bin dafür, dass wir gut mit uns umgehen, unseren Körper pflegen und uns ein Gespür für Schönheit und Ästhetik erhalten. Dafür müssen wir uns aber nicht schon zu Lebzeiten einbalsamieren oder uns dem Diktat von Fitness und Wellness verschreiben. „Anti Aging. The Secrets of Staying Young", so heißt es in einer Anzeige einer Zeitung, die auf eine Veranstaltung hinweist, bei der in die Geheimnisse, jung zu bleiben, eingeführt werden soll. Ich kann damit wenig anfangen. Ich finde zwar, man sollte auch als älterer Mensch auf sein äußeres Erscheinungsbild Wert legen, das muss aber nicht heißen, „einen auf jung zu machen". Es steht mir nicht an, das zu bewerten, merke ich doch bei mir selbst, dass mir diese Seite offensichtlich nicht fremd ist. Ich spüre zugleich aber auch, dass es nicht meine Art ist, mich auf die neue Lebensphase einzustellen und mir mein Leben in dieser Lebensphase entsprechend einzurichten. Ich merke auch – inzwischen jedenfalls –, dass ich das auch nicht will. Dass es mir nicht entspricht, dass ich mir letztlich auch nichts davon verspreche. Also verabschiede ich mich von diesen Vorstellungen und beschreite diesen Weg nicht.

Ich sehe vor mir ein Bild von C. G. Jung. Er ist auf dem Bild wohl Ende 70. Kaum noch Haare, das Gesicht eingefallen, voller Altersflecken, ein fast spitzbübisch wirkendes Lächeln und vor allem: lebendige Augen. Ich möchte zu meinem Alter stehen. Ich bin an Geheimnissen, die mir verraten, wie ich jung bleiben kann, nicht interessiert. Ich will mein Altern nicht stoppen. Und warum sollte ich das auch? Was für einen Sinn hat das? Ich mache mir doch etwas vor, wenn ich das Altern verhindern will. Ich verschwende Energie, um etwas zu bewahren, was ich nicht bewahren kann. Wir sollen und dürfen vielmehr in Würde alt werden. Unser Alter darf man uns ansehen.

Auf der anderen Seite kann ich mir im Ruhestand sogar mehr als bisher Zeit dafür nehmen, meinen Körper zu pflegen. In der Pflege meines Körpers, meiner Haut, meiner Haare, meiner Fingernägel kommt meine Wertschätzung mir selbst und anderen Personen gegenüber zum Ausdruck. Meine äußere Selbstdarstellung sagt etwas über mich aus. Gut auszusehen trägt dazu bei, dass ich mich wohlfühle. Gerade auch im Alter kann darin eine positive Einstellung zu uns und unserem Körper unterstrichen werden. Ich denke an einen alten Professor von mir, inzwischen fast 80 Jahre alt, dem ich ab und zu begegne, der aufrecht geht, nicht überzogen sportlich gekleidet ist, großes Selbstvertrauen und Selbstwertgefühl ausstrahlt, die mir sehr imponieren.

„Wenn du den Körper berührst, beginnt der Vogel, sein Liebeslied zu singen"

Der Arzt Andrew Weil (2005, 55) sieht einen engen Zusammenhang zwischen Berührung und Gesundheit. Das Bedürfnis, berührt zu werden, bleibt uns bis ins hohe Alter erhalten. Je älter wir werden, desto weniger Gelegenheiten haben wir, Berührung zu erfahren und damit den unsere Gesundheit fördernden Austausch von körperlichem Kontakt zu erleben. Andrew Weil plädiert daher dafür, Formen zu finden, die es uns ermöglichen, körperliche Berührung zu erfahren. Eine Form, für die er sich besonders stark macht, ist die Massage, die man sich regelmäßig, vor allem auch im Alter, gönnen sollte. Bei einer Massage werde ich liebevoll, respektvoll und zärtlich von einer anderen Person berührt, und ich habe Gelegenheit, einen anderen auf die gleiche Weise zu berühren. Von der Berührung geht eine heilende Wirkung aus, die sich positiv auf unser körperliches und seelisches Wohlbefinden auswirkt.

Das gilt auch für unsere Sexualität, die auch im Alter Gott sei Dank nicht aufhört, sich zu regen, und danach verlangt, gelebt zu werden. Sagen wir „Ja" zu unserem Leib, auch wenn er älter geworden ist, nicht mehr über die frühere Spannkraft verfügt, Falten und Altersflecken hat, können wir uns an unserem Leib erfreuen und dankbar dafür sein, dass wir ihn im Alter zwar immer mehr im Leid spüren, aber auch in der Lust genießen dürfen. Wir können uns davon beleben lassen.

Die Erfahrung von Lust spielt auch im Ruhestand eine wichtige Rolle. Für Aristoteles ist Lust Ausdruck von kreativem Tun. Wer ganz in seinem Tun aufgeht, der empfindet Lust. „Wenn der Mensch bei der Arbeit Lust empfindet, geht sie ihm besser von der Hand. Wenn er Lust beim Wandern hat, dann hebt sich auch sein Herz. Wenn er mit Lust in eine Besprechung geht, wird sie eher gelingen. Lust dient der Gesundheit. Die Psychologie sagt, dass der Mensch durch Lusthemmung krank wird.

Wer sich Lust verbietet, dem stößt das Leben sauer auf. Und er macht sich selbst damit krank" (Grün 2012).

Das gilt für den Ruhestand nicht weniger als für die Zeit, in der wir regelmäßig der Arbeit nachgehen müssen. Jetzt im Alter können wir sogar noch mehr als bisher der Freude und Lust in unserem Leben Zutritt ermöglichen. Zumindest sind die Voraussetzungen dafür günstiger, da Freude und Lust auch viel damit zu tun haben, dass wir uns Zeit dafür nehmen, etwas zu erleben.

Der Ruhestand bietet sich als Möglichkeit an, dem ganzen Bereich der Sexualität und Intimität mehr Zeit und Aufmerksamkeit zu schenken. Sie kommen in Zeiten von Stress, wenn das „Du sollst" und „Du musst" unser Leben regieren, oft zu kurz. Wir können uns in unseren Partnerschaften jetzt mehr Zeit nehmen, tiefer zu gehen: in unseren Gesprächen, in unserer Lebensweise und natürlich auch in unseren intimen und sexuellen Begegnungen. Wir setzen uns weniger dem Druck aus, dass es der perfekte Sex sein muss. Entscheidend ist, sich innig und sinnlich zu begegnen. Unser Leib und unsere Seele sollen sich wohlfühlen, ganz im Sinne einer alten maurischen Inschrift an den Wänden der Alhambra in Spanien: „Wenn du den Körper berührst und die Seele erreichst, beginnt der Vogel sein Liebeslied zu singen."

Innige Beziehungen pflegen

Eine wichtige Sorge um uns selbst zeigt sich darin, wenn wir uns bemühen, dass wir auch im Ruhestand in innigen und tiefen Beziehungen zu anderen Menschen eingebunden sind und bleiben. „Der einzige Hüter des Lebens ist Liebe, aber um geliebt zu werden, muss man lieben", schreibt Marsilio Ficino, ein Philosoph des Mittelalters. Der Philosoph Paul Feyerabend kam wenige Tage vor seinem Tod zu der Erkenntnis: „Heute scheint es mir, dass Liebe und Freundschaft die wichtigste Rolle im Leben spielen und dass ohne sie selbst die höchsten Errungenschaften blass, leer und gefährlich seien." Diese Erkenntnisse haben mich in den vergangenen Jahrzehnten, in denen ich als Psychotherapeut arbeitete, immer sehr beeindruckt. Wie oft bin ich bei meiner Arbeit Personen begegnet, die vor lauter Arbeit das Wichtigste vergessen haben: zu lieben, und dabei oft die Erfahrung machen mussten, dass ihre Sehnsucht, geliebt zu werden, unerfüllt geblieben ist.

Die Zeit des Ruhestandes erfordert, Bilanz zu ziehen, wie es um meine Beziehungen auf den verschiedenen Ebenen bestellt ist. Sie bietet mir also die Gelegenheit, gründlicher der Frage nachzugehen, wie es denn in meinem Leben um die Erfahrung von Liebe, freundschaftlicher Verbundenheit und Fürsorge bestellt ist.

Um Freude und Zufriedenheit zu erfahren, um das Gefühl zu haben, dazuzugehören und getragen zu sein, müssen wir eingebunden sein in tiefe, bedeutungsvolle Beziehungen, in denen wir die Erfahrung machen dürfen, geliebt zu werden und zu lieben. Wem die Nahrung, die aus guten zwischenmenschlichen, tiefen Beziehungen hervorgeht, vorenthalten wird, der wird hungrig bleiben. Ihm wird zugleich eine tiefe Erfahrungsquelle von Zufriedenheit, von Freude am Leben verschlossen bleiben.

Als Bundespräsident Roman Herzog aus seinem Amt schied, bekannte er, dass er während seiner Amtszeit die Beziehungen zu Freunden sehr vernachlässigte. Diese Beziehungen fehlen uns, wenn wir entbunden von Amtspflichten oder beruflichen Pflichten sind. Im Idealfall hat man es verstanden, auch während der Zeit beruflicher Tätigkeit ein gutes Netz von Freundschaften aufrechtzuerhalten, an das man jetzt im Ruhestand leicht anknüpfen und jetzt sogar noch intensiver pflegen kann. Ist das nicht der Fall, besteht jetzt die Gelegenheit, alte Freundschaften wiederzubeleben und nach neuen Freundschaften Ausschau zu halten. Diese fallen einem aber natürlich nicht einfach in den Schoß, sondern verlangen von uns, aktiv zu werden, etwas dafür zu tun, Personen, die uns sympathisch sind, anzusprechen, sie einzuladen, etwas miteinander zu unternehmen. Doch dafür ist jetzt Zeit. Es liegt an uns, die Zeit hierfür zu nutzen.

Der Verlust an menschlichen Kontakten, der mit dem Weggang von einer Arbeitsstätte, in der man über viele Jahre gewirkt hat, verbunden ist, sollte nicht unterschätzt werden. Wie stark man ihn erlebt, hängt natürlich auch von der Qualität der Beziehungen ab, die man in dieser Zeit untereinander pflegte. Ich weiß auch von Personen, die es kaum erwarten können, endlich mit den Kollegen oder Kolleginnen nichts mehr zu tun haben zu müssen. Ein Politiker, der aus seinem Dienst ausschied, meinte mir gegenüber, dass er die meisten der Leute, mit denen er beruflich zu tun hatte, nicht mehr treffen möchte, da die Beziehungen allein vom Zweckdenken und der Berechnung geprägt waren. Die beruflichen Kontakte dienten ihm stets, etwas Bestimmtes zu erreichen. Nur der Kontakt mit den wenigen Personen, zu denen er mit der Zeit eine wirklich freundschaftliche Beziehung aufbaute, sei für ihn weiterhin wichtig.

Für Personen, die vorwiegend über die berufliche Schiene ihre menschlichen Kontakte pflegten, dürfte es zunächst gar nicht so leicht sein, zu verkraften, dass dieses Beziehungsnetz jetzt nicht mehr existiert. Manche machen sich zunächst etwas vor, indem sie davon ausgehen, dass die Kontakte auch im Ruhestand weiterbestehen würden. In Einzelfällen mag das auch der Fall sein. Ich halte es hier aber für wichtig, sich nichts vorzumachen, sondern davon auszugehen, dass die Kontakte sich ausschleichen, wenn nicht sogar mit der Zeit ganz schwinden und man sich allenfalls gelegentlich, etwa bei Feiern, wieder einmal trifft.

Was mich angeht, so werde ich zu einigen Personen, mit denen ich in der Vergangenheit im Rahmen meiner beruflichen

Tätigkeit zu tun hatte, weiterhin Kontakt halten. Das gilt auch für die ehemaligen Mitarbeiter und Mitarbeiterinnen des Recollectio-Hauses. Ansonsten sollte man aber keine überzogenen Erwartungen haben, was nähere Kontakte betrifft. Da weiß ich einfach, dass die Dinge, die gerade dran sind, die Mönche und die anderen ehemaligen Mitarbeiter und Mitarbeiterinnen so sehr in Beschlag nehmen, dass für Kontakte und Unternehmungen darüber hinaus wenig Zeit und Energie zur Verfügung stehen. Ich kenne das aus eigener Erfahrung. Auch sie „brauchen" mich nicht mehr in der Weise, wie sie mich vorher brauchten – und das ist gut so.

Angesichts des Alters schaut man noch einmal genauer auf die bisherigen Beziehungen: Es gibt oberflächliche Beziehungen und Beziehungen, die intensiver waren. Diese Betrachtung kann helfen, ehrlicher in Beziehungen zu werden. Bei einer Diskussion im Freundeskreis, bei der die unterschiedlichen Auffassungen aneinander fast nur abprallen, merke ich, wie ich mich zurückhalte, weil es mir zunehmend eher wie ein Geplänkel vorkommt. Ich tue den Freunden vielleicht unrecht. Doch ich würde lieber darüber reden – es ging um die Terroranschläge in Paris –, was die große Bedrohung mit uns macht, darüber, welche Ängste und Sorgen wir persönlich und in Hinsicht auf unsere Kinder haben. Das viele Reden hierüber bringt uns untereinander auf Distanz. Dabei könnten wir es einfach genießen, beisammen zu sein, dankbar zu sein, dass wir uns wieder einmal sehen und uns dem Essen widmen. Wir könnten das Geburtstagskind, zu dessen Feier wir uns getroffen haben, in den Mittelpunkt rücken. Wir könnten einfach da sein und dabei endlich füreinander da sein. Gerade die gegenwärtige Stimmung, die so geprägt ist von angstmachenden Nachrichten, könnte uns näher zusammenbringen. Uns sensibler dafür machen, wie kostbar es ist, hier zusammensitzen zu können – zu leben.

Keine Lügen und Tricks mehr

Überhaupt kann diese Phase unseres Lebens der Beginn sein, noch mehr als bisher zu uns zu stehen und, damit einhergehend, ehrlicher mit uns selbst und anderen umzugehen. „Ich muss nicht mehr länger alles glattbügeln, deshalb habe ich so wenig Falten im Gesicht", sagt eine ältere Frau, die noch recht jung aussieht. Etwas glattbügeln zu müssen erzeugt viel Stress. Das kenne ich aus meiner Tätigkeit, bei der es oft darum ging, auszugleichen, was noch eher harmlos ist, oder etwas hinzubiegen, damit es durchgeht, allgemeine Akzeptanz erhält. Im letzteren Fall wird es schon problematischer. Mir ist klar: Ich muss Kompromisse eingehen können, ich muss Lösungen finden, die dazu beitragen, dass etwas weitergeht. Auch muss man sich manchmal zurücknehmen, etwas besser nicht sagen oder fordern, um seine Interessen zu vertreten.

Problematisch wird das, wenn man anfängt zu tricksen, mit Halblügen zu arbeiten oder schlicht lügt, um die eigenen Ziele durchzusetzen. Der Ruhestand könnte die große Chance sein, dieses Spiel nicht weiterzuspielen, sondern zu durchbrechen. Er bietet sich uns als Chance an, alles Taktieren, Manipulieren, Tricksen und Lügen einfach hinter uns zu lassen. Ich höre immer wieder, „in der Welt der Arbeit", die geprägt ist von Wettbewerb und Erfolg, ginge es gar nicht ohne Tricksen und Lügen, will man nicht als Verlierer enden. Doch man muss gar nicht erst in die sogenannte Welt der Arbeit gehen, um festzustellen, dass die genannten Verhaltensweisen offensichtlich Allgemeingut sind und gerade auch in Organisationen anzutreffen sind, die sich nach außen hin als besonders menschenfreundlich und edel gesinnt geben, darunter auch in den Kirchen. Die Feststellung in einem Psalm: „Sie lügen. Alle" wird hier zur Wahrheit – leider. Dabei muss man natürlich am besten bei sich selbst anfangen.

Warum also dann nicht den Ruhestand als eine Chance nutzen, um mit Blick auf die Ehrlichkeit neu anzufangen? Mir Zeit zu nehmen, den Blick nach innen zu richten, um Bilanz zu ziehen, was von dem, was ich in den vergangenen Jahren vertreten und getan habe, wirklich zu mir gehört. Wo habe ich mich verbiegen lassen, wo habe ich mich auf Kompromisse eingelassen, die, wenn ich genauer hinschaue, vor mir selbst nicht bestehen können? Wo hat sich Zynismus eingeschlichen, Engherzigkeit breitgemacht, die die Qualität meines Lebens, die mich in meiner Entwicklung, mich noch vorbehaltloser dem Leben zu öffnen, behindern?

Das ist eine Art der Selbstfürsorge, bei der wir uns, unserer Seele, etwas Gutes tun. Wir reinigen uns, befreien uns von Schuldgefühlen, die wir bisher auf uns geladen haben. Wir nutzen die Möglichkeit, die die Unabhängigkeit unserer neuen Lebenssituation mit sich bringt, um die Lügen, Halblügen und faulen Kompromisse, die wir bisher in Kauf genommen haben, hinter uns zu lassen. Wir lassen das Tricksen und Manipulieren, um etwas zu erreichen, und werden dafür mit einem wohltuenden Seelenfrieden belohnt.

Großherzig sein

Wir können noch einen Schritt weiter gehen und jetzt, da wir nicht länger in die Maschinerie einer Welt eingebunden sind, in der Leistung, Erfolg und Profit oft wichtiger sind als Menschenfreundlichkeit und Nächstenliebe, wieder mehr auf die Menschen um uns herum schauen, uns ihnen zuwenden, schauen, wie wir von Nutzen für sie sein können. Der schwedische Wissenschaftler und Philosoph Emmanuel Swedenborg spricht hier von *use* oder *usefulness* (vgl. van Dusen). Sehr schön wird das an folgendem Beispiel veranschaulicht. Da ist der Schuhmacher, der auf Profit aus ist und möglichst viele Reparaturen durchführen will. Dort ist der Schuhmacher, der auch an Profit interessiert ist – muss er doch auch von seiner Arbeit leben –, zugleich aber auch Freude daran hat, Kunden zu treffen, über ihre Schuhprobleme mit ihnen zu reden, und dem sein Beruf einfach Spaß macht. Dem einen geht es nur um den Profit, und ob der andere von dem, was er tut, etwas hat, ist ihm egal. Der andere erzielt Profit aus seiner Arbeit, aber auch dadurch, dass er in dem, was er tut, den Kunden bewusst im Blick hat und ihm gegenüber achtsam und interessiert ist.

Es ist die Haltung, die entscheidend ist. Ich tue etwas, was ich ohnehin tue, aber ich beziehe dabei den anderen mit ein. Mein Horizont wird dadurch erweitert. Ich bin nicht nur auf mich fixiert, sondern strecke mich nach der Welt, den Menschen um mich herum, aus. Das ist eigentlich kein neuer Gedanke, und dennoch hat er etwas Faszinierendes an sich. Er regt mich dazu an, hinzuschauen, wie ich mich selbst verhalte. Er erinnert mich daran, dass es an mir liegt, wie ich mein Leben, meinen Alltag, meine Beziehungen gestalte. Dass es von mir abhängt, inwieweit ich offen dafür bin und meine Möglichkeiten, für andere nützlich zu sein, nutze.

Wenn wir für andere nützlich sind, darauf achtgeben, wo wir das sein können, und es dann auch sind, verlassen wir das Kreisen um uns selbst. Wir verwirklichen uns selbst. Wir kommen damit einem tief in uns ruhenden Verlangen nach, über uns selbst hinauszuwachsen. Es ist das, was in der Entwicklungspsychologie Generativität genannt wird, die Fähigkeit, über sich selbst hinauszuwachsen, sich für etwas einzusetzen, bei dem es nicht nur um uns geht, durch das wir aber zugleich auch selbst bereichert werden.

Die Gerotranszendenz, die sich mit der Frage befasst, was dazu beiträgt, im späteren Lebensalter sein Leben sinnvoll und zufrieden leben zu können, sieht gerade auch in der Generativität eine Möglichkeit, im zunehmenden Alter Sinnerfüllung und Zufriedenheit zu finden. Es ist weiter die Fähigkeit, großherzig zu sein, noch mehr als bisher den anderen zu sehen, ihm Gutes zu gönnen und selbst etwas dazu beizutragen, dass es ihm gut geht. Indem wir im Rentenalter unsere neuen Möglichkeiten, über uns hinauszuwachsen, nutzen und über unseren Schatten springen, manche Enge, die uns engherzig hat sein lassen, überwinden, bereichern wir unser Leben. Dabei müssen und dürfen wir den Blick auf uns selbst nicht außer Acht lassen. Denn wir können auf Dauer nur dann wirklich für andere nützlich sein, wenn wir für uns selbst von Nutzen sind. In der Sorge um uns selbst tun wir damit etwas Nützliches. Wir schaffen damit die Voraussetzung, dass wir weiterhin für andere nützlich sein können.

Die Bestrebung, für andere nützlich zu sein, geht über das Denken hinaus: Es kommt darauf an, es nach Möglichkeit auch tatsächlich zu sein. Ist das nicht im Grunde genommen die Umsetzung des Liebesgebotes, das die Grundlage unseres Glaubens ist? Ein Gebot, das vor allem Glauben an dieses oder jenes, vor aller Zugehörigkeit zu dieser oder jener Kirche steht? Wer nach diesem Prinzip lebt, darf jedenfalls jetzt schon etwas vom Himmel erfahren, vielleicht mehr als jener, der sich darauf beschränkt, lediglich über den Himmel zu reden.

Was ich Ihnen an die Hand geben möchte:

Die Sorge um mich, meinen Leib, meine Psyche ist kein Egotrip, sie ist das Gebot der Stunde gerade im Rentenalter. Generativität, verstanden als die Fähigkeit, über sich selbst hinauszuwachsen, zeigt sich zum einen darin, im Alter mehr, als das im Berufsleben möglich war, den anderen zu sehen, zu schauen, wie man für ihn von Nutzen sein kann. Ich bin überzeugt davon, dass man Gelegenheiten dazu findet, wenn man offen dafür ist. Vor allem auch im ehrenamtlichen Bereich bieten sich dafür in der Regel viele Möglichkeiten an. Man denke etwa an die Betreuung von Flüchtlingen, Begleitung von Sterbenden im Hospiz, ein Engagement in einem Verein, der sich um Angelegenheiten der Stadt kümmert, in der man wohnt, etwa um das Museum oder Umweltprojekte.

Die Generativität zeigt sich aber auch bei einem erweiterten Verständnis – man spricht dann von Gerotranszendenz – in der Bereitschaft, für sich die Verantwortung zu übernehmen und das für sich zu tun, was man für sich noch tun kann. Dadurch werden die anderen entlastet.

Das müssen manche erst lernen und einsehen. Diese Erkenntnis, dass ich anderen Arbeit abnehme, wenn ich mich angemessen um mich selbst kümmere, kann sie aber möglicherweise motivieren, sich mehr als bisher um sich selbst zu kümmern.

Bei der Sorge um uns selbst geht es auch darum, zu akzeptieren, dass wir nicht ständig schöner, stärker oder besser werden. Die Sorge um uns zeigt sich weiter darin, dafür Sorge zu tragen, dass wir über ein tragendes Netz von Beziehungen verfügen, aktiv etwas dafür tun und nicht bis zum Nimmerleinstag darauf warten, dass uns andere entdecken.

6. Gehe in Frieden, nimm dir Zeit zum Erinnern und sei dankbar

Meine Träume zeigen mir, wie sehr der Übergang in eine neue Lebensphase mich als ganzen Menschen beschäftigt. In ihnen tauchen Bilder auf, die mich direkt oder indirekt an den Übergang erinnern. So auch ein Traum vor einigen Tagen, in dem ich Anselm Grün begegne, mit dem ich von Anfang an auf eine vertrauensvolle und fast freundschaftliche Weise im Recollectio-Haus zusammenarbeitete. Im Traum bietet er mir an, seinen Blumenstrauß, der aus einem Baum herauswächst, mit meinem Blumenstrauß zu vermischen. Seine Blumen haben einen hellroten Farbton, meine sind gelb. Von dem Traum mit Anselm geht für mich vor allem das Gefühl von Dankbarkeit aus. Dankbarkeit für 25 Jahre Zusammenarbeit. Dankbarkeit gegenüber ihm und der Abtei Münsterschwarzach, die meine Idee vom Recollectio-Haus verwirklichen half, das Vertrauen, das sie mir entgegenbrachten. Was hier geschaffen wurde, ist sicher auch mein Verdienst, aber es ist nicht weniger das Verdienst von Pater Anselm, der Abtei, der vielen Mitarbeiter und Mitar-

beiterinnen des Recollectio-Hauses, die dazu beigetragen haben, dass es zu diesem wunderschönen Blumenstrauß werden konnte. Der Traum weckt in mir Gefühle der Dankbarkeit für eine Zeit, auf die ich gerne zurückschaue, in der ich viel Schönes erfahren habe, in der ich eine ganz wesentliche Vorstellung von mir und damit auch mich selbst verwirklichen durfte.

(AUS MEINEM TAGEBUCH)

In Frieden gehen

Großherzig sein oder werden, die Chance zu nutzen, die sich durch den Ruhestand dafür anbietet, zeigt sich für mich auch darin, nichts nachzutragen, die Dinge nicht zu eng zu sehen, vergeben zu können, in Frieden zu gehen. Ich habe der Abtei Münsterschwarzach vieles zu verdanken und werde ihr daher, davon gehe ich aus, für immer verbunden bleiben. Als die Abtei vor einigen Jahren ihre Wiederbesiedelung feierte und dabei mit keinem Wort das Recollectio-Haus erwähnt wurde, ärgerte mich das für einen Moment, aber das war es dann auch. Oder wenn die Abtei ihr 1200-jähriges Bestehen feiert und ich als ehemaliger Leiter nicht offiziell dazu eingeladen werde, tut das für einen Moment weh, um mir dann aber zu helfen, wirklich loszulassen und endlich ernst damit zu machen, mich nicht so wichtig zu nehmen.

Ähnlich ergeht es mir wie gesagt mit meinem Nachfolger, den ich sehr schätze und bei dem das Recollectio-Haus in guten Händen ist. Als mein Nachfolger für ein paar Tage ins Krankenhaus gehen musste, besuchte ich ihn dort. Ich hatte mich spontan dazu entschieden. Er freute sich sehr darüber. Ich hörte ihm zu, wie er von sich, dann aber auch viel vom Recollectio-Haus berichtete, was sich dort ereignet hat, was sich alles verändert hat, welche Ideen er verwirklichen konnte, die ihm immer schon ein Anliegen waren. Ich merkte, wie ich ihm gut zuhören konnte. Da war nichts mehr von Ärger, dass er vieles anders machte. Es freute mich zu hören, dass es insgesamt gut lief, die Kurse weiterhin ausgebucht waren und nicht, wie er selbst befürchtet hatte, nach meinem Weggang die Nachfrage nachließ. Am Ende sagte er mir mit Tränen in den Augen, dass mein Besuch für ihn ein richtiges Geschenk gewesen wäre. Ich selbst ging beschenkt von ihm weg. Ich war froh, dass ich meinem Herzen gefolgt war und ihn besucht hatte. Bei mir war dabei der erste Grund gewesen, ihn zu besuchen, ihm mein Interesse an ihm, ja, meine Zuneigung zu zeigen.

Bei mir hat sich durch den Besuch etwas gelöst. Ich kann ihn lassen, ich kann das, was er tut, schätzen. Ich bin nach wie vor der Meinung, dass das nicht mehr „mein" Recollectio-Haus ist, aber es muss auch nicht länger mein Recollectio-Haus sein. Das kann es vielleicht unter den gegebenen Umständen nicht länger sein.

Mein Nachfolger hat das Recht, das zu machen, was aus seiner Sicht das Richtige ist. Da gibt es eine Seite in mir, die sich dagegen auflehnt, die die neue Vorgehensweise ablehnt. Bleibe ich bei mir, dann kann das für mich heißen, meinen Ärger darüber zunächst zuzulassen, auch meine Verwunderung, dass er gleich so vieles verändern muss, um dann aber mich selbst an meiner Nase zu packen und Veränderungen nicht als einen Angriff auf mein Ego zu verstehen. Ich kann mir dann auch zugestehen, dass man die Dinge auch anders sehen kann, dass es vielleicht höchste Zeit ist, das Konzept zu erweitern. Auch kann ich mich fragen, was es denn ist, warum ich mich so schwer damit tue, wenn andere stark auftreten, neue Ideen entwickeln und tatkräftig darangehen, sie zu verwirklichen. Dann muss ich mich dafür entscheiden, mich nicht als Gralshüter zu sehen, der weiß, was richtig ist.

Für mich ist wichtig, dass ich mich mit der Veränderung aussöhne. Ich spüre, wie ich innerlich weiter werde, wie ich dabei bin, eine Enge, die mich bisher mitbestimmt hat und ungute Gefühle bei mir hat entstehen lassen, hinter mir lasse. Das Gefühl tut mir gut. Das ist bei Weitem besser, als über etwas zu klagen, was nicht mehr ist.

Jedes gute Wort, das uns geschenkt wird, im Herzen speichern

Vor vielen Jahren berichtete mir der Leiter eines Priesterseminars von einem Therapeuten, der hoch angesehen und von seinen Klienten über die Maßen geschätzt wurde. Als er starb, kamen unzählige Menschen zu seiner Beerdigung, um ihm ihre Wertschätzung zu zeigen. Als Jugendlicher hatte ich mir manchmal vorgestellt, wie meine Beerdigung wohl aussehen würde, und mir gewünscht, dass viele Leute daran teilnehmen werden. Diese Vorstellungen und Wünsche habe ich nicht mehr, auch wenn es nach wie vor etwas Verführerisches an sich hat, sich vorzustellen, dass Menschen am Ende meines Lebens sich gerne, voller Dankbarkeit an mich erinnern und meinen Tod bedauern.

Ich erwähne das, weil meine Abschiedsfeier, die im Rahmen der Jubiläumsfeier des Recollectio-Hauses stattfand, tatsächlich eine Abschiedsfeier war, die auf eine ganz positive und aufbauende Weise für mich auch Züge und Elemente einer Beerdigungsfeier hatte. Der große Vorteil gegenüber einer Beerdigungsfeier bestand natürlich zunächst einmal darin, dass es nicht tatsächlich meine Beerdigungsfeier war, dann aber, dass ich zu Lebzeiten so unendlich viel Anerkennung, Würdigung und Dankbarkeit erfahren durfte. Viele bekundeten mir das bei der Abschiedsfeier persönlich, andere fanden sehr persönliche, anerkennende Worte auf Karten oder in Briefen, die sie von den Motiven her ganz bewusst ausgesucht oder individuell gestaltet hatten. Am Tag der Verabschiedung saugte ich alle guten Worte auf, ließ sie ganz in mich einsickern. Die Karten und

Briefe las ich auf mehrere Tage verteilt Satz für Satz, schaute mir dabei die Bilder an, nahm mir Zeit, die Sprüche, die einzelne gewählt hatten, auf mich wirken zu lassen. Während ich die Briefe las, stellte ich mir den Schreiber oder die Schreiberin vor. Sie waren in diesem Moment für mich anwesend und machten die Zeit, die sie im Recollectio-Haus verbrachten, auch ihre Lebensgeschichte, die sie mitgebracht hatten, für mich präsent.

Es kam mir so vor, als legte ich ein Reservoir an, in dem ich alle diese guten Worte sammle, um auch in Zukunft von ihnen zehren zu können. Ich erlebe es als gut und bereichernd, auf diese Weise mit der mir entgegengebrachten Wertschätzung umzugehen. Sie im Moment zu genießen, mich davon erfüllen zu lassen, dann aber auch sie in mir zu speichern, ihr, wie das einer Würdigung gemäß ist, einen würdigen Platz in mir einzuräumen. Auch habe ich erfahren dürfen, wie wichtig, sinnvoll, erhebend und, fast möchte ich sagen, heilend eine Abschiedsfeier, ein Abschiedsritual sein kann. Es ermöglicht, erleichtert es oder forciert vielleicht auch, dass etwas vollendet wird. Ein Lebensabschnitt, ein Lebenswerk, wird vollendet, und zwar ganz. Das englische Wort für ganz ist *whole*, in dem auch das englische Wort für heilig (*holy*) steckt. So habe ich jedenfalls meine Abschiedsfeier erlebt, und dieses Erlebnis hilft mir dabei, loszulassen, was nicht mehr ist, auch weil es in der Abschiedsfeier seine Vollendung gefunden hat. Da muss nicht noch etwas ergänzt oder nachgeholt werden. Ein äußerer Abschied, der sich lange hinzieht, wäre nämlich nicht angebracht. Anders verhält es sich, wenn es darum geht, sich innerlich von etwas zu verabschieden, was über viele Jahrzehnte mein Leben bestimmt hat. Das innere Abschiednehmen dauert länger als der konkrete Abschied.

Weil das alte Werk vollendet ist, kann das neue Werk beginnen. Natürlich tauchen immer wieder Reste des Alten auf: Situationen, Begegnungen, schöne und weniger schöne Erfahrungen. Es wird Momente geben, in denen Trauer sich breitmacht, manchmal vielleicht auch einfach Sehnsucht, wenn man an bestimmte Situationen denkt, in meinem Fall so manche schöne Teamsitzung, die originellen Beiträge von Pater Meinrad, die weiterführenden Einsichten von Pater Anselm, die praxisnahen Empfehlungen von Schwester Sylvia oder die klaren Kommentare und Einschätzungen meiner Frau. Oder ich denke an die Abschlussfeiern, in denen Kursteilnehmer bei der Gestaltung des Abends sich zeigten. Aber auch das schöne Gefühl an solchen Abschlussfeiern: Die Arbeit ist getan, es ist alles insgesamt gut gelaufen.

In unseren Erinnerungen schwelgen

Jetzt im Ruhestand habe ich mehr Zeit zum Erinnern. Ich nehme sie mir jedenfalls. Gerade bin ich auf meinem Spaziergang bei grasenden Kühen vorbeigegangen. Der Bauer hatte ihnen ein noch frisches Stück Wiese zugänglich gemacht, und sie machten sich voller Lust über die frischen Gräser her. Was mich am stärksten anspricht, ist der Geruch, der von den Kühen ausgeht. Er erinnert mich an die Zeit, als ich in den Ferien auf dem Bauernhof meiner Großmutter im Stall und auf den Feldern mitarbeitete. Ich sehe die Großmutter vor mir, wie sie die Kühe mit der Hand melkt und dabei auf dem kleinen Hocker sitzt. Ich nehme den Stallgeruch wahr, der im ganzen Haus zu riechen war, da der Stall unter der Küche und dem übrigen Wohnbereich lag.

Während ich mich an diese Zeit zurückerinnere, wird mir bewusst, wie lange das zurückliegt. Ich muss unter zehn Jahren gewesen sein. Auch wird mir bewusst, wie lange ich schon lebe. Es ist so weit weg, so lange her, und doch ist es, wenn ich mich jetzt daran erinnere, ganz nahe. Ich sehe den kleinen Buben vor mir, der die Lotte – so hieß das Pferd meines Onkels, der den Bauernhof führte – streichelt. Ich sehe mich, wie ich auf dem Heuwagen sitze, der zunächst von Kühen, später von der Lotte gezogen wurde. Ich rieche das frische Heu und genieße das selbst gebackene Brot, mit Marmelade beschmiert oder zu einem Stück Speck.

Für mich ist das Erinnern eine Zeit, die dazu beiträgt, mein Leben noch einmal bewusster in den Blick zu nehmen. Bei mir zu verweilen. Einfach dazusitzen und die Bilder von damals auftauchen zu lassen. Es ist wie ein Mich-Vergewissern, dass das alles schon in meinem Leben war, Teil meines Lebens ist. Auch welch einen Reichtum mir mein Leben bisher beschert hat. Dankbarkeit steigt in mir auf für die vielen Menschen, die dazu beigetragen haben, dass ich das alles erfahren durfte. Dankbarkeit dafür, dass es mich noch gibt, dass ich mich an den grasenden Kühen und dem Geruch, der damals von ihnen ausging, erfreuen kann.

Von dieser Erinnerung geht auch etwas Versöhnliches aus. Es ist gut so, jetzt die letzte Lebensphase anzutreten. Das ist der Lauf der Dinge, und ich laufe mit. Ich kann und ich will nicht zurück. Ich gehe dem Ende entgegen. Gestern traf ich eine 90-jährige Bekannte, deren jüdische Mutter im KZ war und die der Vernichtung nur dadurch entging, weil ein Tag vor ihrer geplanten Deportation die Amerikaner in ihrem Dorf auftauchten. Gegen Ende unseres Treffens meinte sie, dass sie ja nun bald sterben würde und Angst davor habe. Wie ist das, wenn da nichts ist? Wir sprachen darüber, und ich ging auf ihre Angst ein. Ich versuchte ihr aber auch, soweit es nicht schon da war, ein Gefühl dafür zu entwickeln, welch eine Gnade es ist, so alt geworden zu sein, dass sie Spuren hinterlassen hat, nicht zuletzt auch durch ihr Büchlein, in dem sie ihre Erfahrungen als Halbjüdin im Dritten Reich schilderte. Sie kam mir vor wie ein Apfel, der, weil er reif ist, vom Baum fällt. Am Schluss lächelte sie.

Unsere Vergangenheit aufleben lassen

Zum Erinnern gehört für mich auch – und damit habe ich bereits vor meiner Pensionierung angefangen –, wieder mit Menschen Kontakt aufzunehmen, die mir einmal viel bedeutet haben und zu denen ich aber über viele Jahre keinen Kontakt mehr hatte. Damit knüpfe ich wieder an Zeiten, an Erlebnissen, an Beziehungen an, die einst wichtig, tragend und bereichernd für mich waren. Da ist zum Beispiel ein Lehrerehepaar, dem ich viel zu verdanken habe. Ich rufe an, sage den beiden, wie viel ich ihnen verdanke, erkundige mich nach ihrem Befinden und besuche sie später sogar. Dann ist da eine alte Bekannte, die ich von meinem Studium in den USA her kenne, die sich meldet: Wir knüpfen wieder an die alte Beziehung an und tauschen uns über die Zeit von damals aus. Alte Zeiten und Personen, denen ich in dieser Zeit begegnet bin, tauchen damit wieder auf, erhalten etwas mehr Platz in meiner Wahrnehmung und sind nicht länger der Vergessenheit ausgesetzt.

Auf der anderen Seite mache ich jetzt auch öfters die Erfahrung, dass Menschen sich an mich wenden, um mir ihre Dankbarkeit für dieses und jenes, das ich für sie getan habe, mitzuteilen. Das berührt mich immer sehr. Oft war mir das zu diesem Zeitpunkt gar nicht bewusst, dass dieses Wort, dieser Rat, dieses Buch für sie so entscheidend für ihren weiteren Lebensweg war. Ich kann das gut annehmen, freue mich darüber und sage dann manchmal etwas scherzhaft – meine es aber so – „der Tag ist für mich gerettet". Ich weiß damit aber auch, wie gut es anderen tut, wenn ich ihnen meine Wertschätzung und Dankbarkeit kundtue.

In diesen Tagen erhielt ich eine Mail von Anselm Grün, mit dem ich wie gesagt 25 Jahre lang im Recollectio-Haus eng zusammengearbeitet habe. Ich hatte ihn gebeten, die Einladung für unser Symposium anlässlich des 25-jährigen Jubiläums des Recollectio-Hauses durchzuschauen. Daraufhin schrieb er mir:

Lieber Wunibald!

*Herzlichen Dank für die Einladung. Ich habe sie durchgelesen. Ja, es ist alles so in Ordnung. Ich freue mich auf das Symposium. Es wird für Dich ein würdiger Abschluss der 25 Jahre sein. Wahrscheinlich schaust Du zugleich mit Dankbarkeit und Wehmut auf diese 25 Jahre. Es waren ja doch 25 schöne Jahre. Ich habe immer gerne mit Dir zusammengearbeitet. Übrigens, ich habe wenig Lust, bei der nächsten Supervision über unsere Schattenseiten zu sprechen. Wir sollten viel lieber über das sprechen, was uns gelungen ist. Dass wir alle Schattenseiten haben, ist auch klar. Aber die muss man jetzt zum Schluss nicht unbedingt anschauen.
Herzlichen Gruß
Dein Anselm*

Ich freue mich über seine Zeilen und lasse sie nachwirken. Ich bin in dieser Zeit des Übergangs überhaupt empfänglich für alle Zeichen der Anerkennung. Ich wische sie nicht einfach weg, sondern nehme sie bereitwillig und mit offenem Herzen an. Die Worte von Anselm berühren mich, Dankbarkeit durchströmt mich. Dankbarkeit für die Zeit mit ihm, getragen von gegenseitigem Vertrauen. Ich weiß zu würdigen, dass das nicht selbstverständlich ist. Es gab auch in unserer Beziehung eine schwierige Situation, die wir aber bewältigt haben. Gerade das ist für mich auch ein Zeichen dafür, wie sehr eine Beziehung, die von einem Grundvertrauen geprägt ist, auch eine schwierige Situation meistert. Da geschieht auch eine Menge an Reinigung im Sinne von Desillusionierung, die aber dazu beiträgt, aus der Enttäuschung Konsequenzen zu ziehen, das auf die Seite zu räumen, was mit der Wirklichkeit nicht in Einklang zu bringen ist, um so die Voraussetzungen dafür zu schaffen, der Wirklichkeit mehr Raum zu geben, damit aber die Beziehung zu erden und auf einem Grund aufzubauen, der auf den Gegebenheiten und nicht länger auf falschen Erwartungen beruht.

Ein Brief wie dieser lädt auch dazu ein, für einen Moment zu verweilen, um zurückzuschauen, an die Zeit des Beginns zu denken und bestimmte Situationen in Erinnerung zu rufen. So ist die Zeit des Übergangs angereichert von Zeiten, in denen Dankbarkeit sich in uns breitmachen kann für alles, was in der vergangenen Zeit gut gelaufen ist. Es ist eine Zeit, in der wir natürlich auch darüber nachdenken, was nicht so gut gelaufen ist, wo wir Fehler gemacht haben, um dann auch das Bedauern darüber zuzulassen. Wenn man auf diese Weise seinen Frieden mit dem Unangenehmen macht, muss man es, wie Anselm zu Recht vorgeschlagen hat, öffentlich nicht mehr zum Thema machen. Die Auseinandersetzung mit unseren Schattenseiten kommt einer Goldsuche gleich, wenn sich am Ende Akzeptanz und Freiheit einstellen. Umso dankbarer ist man dann für die vielen guten Erfahrungen.

Am Felicitasfest, dem Familienfeiertag der Abtei Münsterschwarzach, bei dem auch die Männer und Frauen geehrt werden, die seit vielen, bis zu 40 Jahren hier tätig sind, wurden auch meine Frau und ich für unsere 25-jährige Mitarbeit geehrt. Ich ging bewusst auf diesen Tag zu und konnte es dann genießen, dass P. Anselm Grün die Tätigkeit von meiner Frau und mir im Recollectio-Haus würdigte. Er stellte heraus, dass es ja meine Idee gewesen war, ein solches Haus ins Leben zu rufen, dass es also nicht nur Mönche sind, die hier tätig und kreativ sind, sondern auch die Mitarbeiter der Abtei. Er erwähnte auch, dass durch das Recollectio-Haus unzähligen kirchlichen Mitarbeitern und Mitarbeiterinnen eine große Hilfe zuteilwerden konnte und das Recollectio-Haus die Abtei Münsterschwarzach neben ihrer Missionsarbeit und der Schule über die unterfränkische und bayrische Grenze hinaus bekannt gemacht hat.

Mir war wichtig, dass auch meine Frau angemessen gewürdigt wurde. Ich konnte diese Arbeit nur leisten, weil mich meine Frau nicht nur privat, sondern auch beruflich darin unterstützte. Als bei der Ehrung durch ein Versehen des Lohnbüros – ich war angestellt, meine Frau arbeitete auf Honorarbasis – anders als vereinbart nur ich aufgerufen wurde, stand ich auf und sagte laut, dass ich nur mit meiner Frau nach vorne komme. Unabhängig davon, wie diese Feier ablief, war es für mich wichtig und ein schöner Moment, dass wir beide vorne standen und beide gewürdigt wurden.

Innehalten

Meine Gedanken gingen in diesem Moment zurück in die Zeit, als ich vor 25 Jahren im Recollectio-Haus anfing. Ich erinnerte mich daran, wie ich an einem Morgen, wenige Tage bevor die Arbeit beginnen sollte, zu meiner Frau sagte: Ich glaube, ich mache das nicht. Plötzlich bekam ich es mit der Angst zu tun vor dem, was ich hier initiiert hatte. Ich war mir nicht mehr so sicher, ob das erfolgreich sein würde. Sie beruhigte mich und vermittelte mir Zuversicht. Das galt auch für viele Situationen während dieser vergangenen 25 Jahre, in denen ich in ihr die wichtigste Gesprächspartnerin hatte, die immer zunächst mich und dann die Situation sah und mir half, Dinge zu relativieren und gut auf mich zu schauen.

Zum Erinnern gehört für mich auch, Orte aufzusuchen, die mir einst wichtig waren. So besuchte ich in diesen Tagen, während ich mich für einige Tage im Thüringer Wald aufhielt, am Abend, als fast niemand mehr unterwegs war, die Wartburg in Eisenach. Während ich die Stufen zur Burg hinaufging, erinnerte ich mich an die Zeiten, in denen ich hier war: zum ersten Mal in den 70-er-Jahren, zusammen mit einem befreundeten Pfarrer, den ich regelmäßig besuchte, auch um ihm theologische Bücher über die streng bewachte Grenze zu schmuggeln. Später war ich mit meiner Frau, dann mit unserem Sohn Thomas, dann einmal mitten in der Nacht dort, als es stürmte. Jetzt bin ich alleine da und in meditativer Stimmung. Ich lasse die früheren Aufenthalte an mir vorbeiziehen, lenke dann aber meine Aufmerksamkeit auf Martin Luther, der sich hier vor fast 500 Jahren aufhielt und die Bibel übersetzte.

Später, als ich in Stotternheim, das ich von früheren Aufenthalten her kenne, den sogenannten Lutherstein besuche, sind meine Gedanken wieder bei Luther. An dieser Stelle soll er, durch ein schreckliches Gewitter in Panik versetzt, der hl. Anna versprochen haben, ins Kloster zu gehen, wenn sie ihm helfe. Was schließlich auch geschehen ist. Ich musste an Augustinus denken, bei dem seine Umkehr auch mit einem äußeren Beben einherging. Während ich alleine an dieser Gedenkstätte stand, betete ich ein Vaterunser, im Bewusstsein, dass es bald 500 Jahre her ist, seit mit dem sogenannten Thesenanschlag in Wittenberg die Reformation begann. Doch ich blieb nicht bei Luther stehen. Ich fragte mich: Wo bedarf es in meinem Leben einer Umkehr, ohne dass das mit so deutlichen äußeren Ereignissen einhergehen oder ich darauf gestoßen werden muss?

Eine Richtung, die mir einfiel, ist nicht wirklich eine neue, aber eine, die etwas in Vergessenheit geraten ist: radikaler den Weg der Hingabe gehen, was immer das auch im Einzelnen heißen mag. Gerade die Beschäftigung mit Henri Nouwen in den vergangenen Monaten hat mein Bewusstsein dafür geschärft, und ich spüre, dass je mehr mir das gelingt, ich umso zufriedener, stimmiger mit mir und erfüllter werde.

Auch in meinen Träumen tauchen vermehrt Erinnerungen auf. In einem Traum bin ich in meiner ersten Arbeitsstätte im Institut für pastorale Bildung in Freiburg mit meinen damaligen Kollegen, die im Traum auch alle älter geworden sind. Es ist ein schönes Gefühl, so mit ihnen in der Runde zu sitzen und uns auszutauschen. Vor wenigen Wochen ist ein Kollege gestorben.

Für mich ist dieser Traum ein Beispiel dafür, dass mein tieferes Inneres, meine Seele, mich in dieser Übergangsphase begleitet und mich mit Erinnerungen beschenkt, die mich mit wichtigen Ereignissen in meinem Leben in Kontakt bringen. Meine Seele weiß, was ich jetzt benötige, was wichtig ist, um diesen Übergang gut gestalten und nutzen zu können. Meine Seele weitet dadurch meinen Blickwinkel, indem sie das, was jetzt geschieht, in das Ganze meines Lebens einbettet. Sie lädt mich damit ein, innezuhalten, mich zurückzulehnen und dabei zurückzuschauen. Es tut mir gut, nach innen aufzubrechen, den Tempel meiner Erinnerungen aufzusuchen und dabei vor manchen Erinnerungen dankend, staunend, ergriffen, manchmal auch traurig zu verweilen, und hierfür sogar die Arbeit zu unterbrechen.

Die Ernte einfahren

„Jetzt gehört Dein und Euer großes Abschiedsfest schon der Vergangenheit an. Es ist aber noch nicht vorbei, weil alle Dinge, die geschehen sind, und alle Taten, die wir bewirkt haben, auf geheimnisvolle Weise lebendig bleiben", schreibt mir Michael, mit dem ich schon seit vielen Jahren längere Spaziergänge unternehme, bei denen wir uns offen über alles, was uns bewegt, austauschen. Ich lasse seine Worte in mir nachwirken. Das ist eine schöne Vorstellung, dass alles, was geschehen ist, was ich getan habe, auf geheimnisvolle Weise lebendig bleibt. Davon zehre ich. Ja, ich glaube auch, dass ich Spuren hinterlassen habe, die zumindest noch für eine Weile sichtbar sein werden, irgendwann natürlich auch verblassen und eines Tages ganz verschwinden werden.

„Du hast schwieriges Land erkundet und reiche Ernte mitgebracht", schreibt mir mein Freund Charly zum Abschied vom Recollectio-Haus. Ja, das ist auch wichtig für den Ruhestand: auf die Ernte zu schauen, die ich eingefahren habe. Mir endlich

Zeit dafür zu nehmen, sie zu würdigen, sie selbst zu würdigen. Diese Würdigung vor mir selbst ist eindeutig zu kurz gekommen. Ich habe mir einfach nicht die Zeit dafür genommen.

Meine Mitarbeiter und Mitarbeiterinnen haben mir ein großes Buch überreicht, in dem jeder und jede etwas für mich hineingeschrieben hat. Es liegt in meinem Zimmer und wartet darauf, gelesen zu werden. Zum einen bin ich auf diese Weise involviert in andere Dinge (Gespräche, Vorbereitungen von Vorträgen, Vorträge halten, Schreiben, familiäre Unternehmungen), sodass ich keine Zeit dafür habe. Doch das ist, so glaube ich jedenfalls, nicht der eigentliche Grund. Eher könnte es sein, dass ich noch nicht so weit bin, all dem, was das Recollectio-Haus betrifft, derart nahezukommen. Es könnte mir wehtun, diese persönlichen Texte der Mitarbeiter zu lesen. Doch der Moment wird kommen. Ich vermute, dass ich in dem, was mir meine Mitarbeiter geschrieben haben, auch viel Würdigung erfahren werde. Ich kann mir vorstellen, dass es mir später einmal guttun wird, aus einer Distanz heraus einen Blick zu richten auf die Ernte, die ich eingebracht habe, und mich über die Spuren, die ich hinterlassen habe, zu freuen. Dann werde ich die Würdigung annehmen können, ohne dass es wehtut.

Das Leben ausklingen lassen

Ansonsten will ich mich einfach einem inneren Prozess überlassen. Ich will warten, was geschieht, was auf mich zukommt. Ich will mich nicht unter Druck setzen. Hier darf es für mich kein „Es muss sein" geben, sondern nur ein „Es darf sein" und „Es kann sein". Das Drängen, Bedrängtwerden, Hetzen und das Mich-von-anderen-hetzen-Lassen hat ausgespielt. Jetzt ist das Spielen an der Reihe. Das Leben, mein Leben spielen und mich davon überraschen lassen, was aus dem Spielen entsteht. Ich spüre schon eine Veränderung, es gelingt mir nun öfter, das

Leben deutlicher zu spüren und zu genießen, es auszukosten, eben bewusst zu leben.

Das Leben ausklingen lassen. Diese Vorstellung begleitet mich, und es geht von ihr ein gutes Gefühl aus. In den vergangenen Jahren und Jahrzehnten war der Blick darauf gerichtet, weiterzukommen, erfolgreich zu sein, bestehen zu können. Es war eher vergleichbar einer Gipfelbesteigung mit der ganzen Anstrengung, die damit einhergeht. Jetzt genieße ich erst einmal den Ausblick vom Gipfel, ruhe mich aus, bin dankbar, dass ich es geschafft habe. Ich muss an die Wünsche denken, die mir Anselm Grün anlässlich meines 50. Geburtstages schrieb:

„Ich wünsche Dir, dass der Kriegsdienst für Dich aufhört und eine Zeit des dankbaren Genießens beginnt von all dem, was Du selbst geschaffen hast, aber auch von dem, was Dir täglich geschenkt wird."

Das war mir damals noch nicht so recht gelungen, ging irgendwie auch nicht, zu sehr war ich zu dieser Zeit noch gefordert. Jetzt aber, so meine ich, ist die Zeit dafür gekommen.

Ich kann, wenn ich will, den einen oder anderen Berg hochsteigen, muss es aber nicht. Ich werde das eine oder andere Projekt verfolgen, muss es aber nicht. Auch erwarte ich nicht, dass noch einmal etwas Großes, Außergewöhnliches geschieht. Ich werde mich noch für eine Weile auf dem Gipfel aufhalten, die Aussicht genießen, um dann langsam Schritt für Schritt vom Berg herabzusteigen. Dabei werde ich ab und zu stehen bleiben, um mich schauen, rasten, auch zurückschauen und dabei endlich den Wunsch von Anselm von vor über 15 Jahren beherzigen: dankbar genießen, was ich selbst geschaffen habe und was mir täglich geschenkt wird.

Was ich Ihnen an die Hand geben möchte:

Ich höre immer wieder von Personen, die keinen Abschied feiern, sondern „das Ganze" schnell hinter sich bringen wollen. Sie werden ihre Gründe dafür haben. Ich bin da anderer Meinung. Ein Abschied hilft, etwas abschließen zu können. Er hilft dem, der verabschiedet wird, und denen, von denen man sich verabschiedet. Er ist wie ein Ritual, das unsere tieferen Schichten erreichen will. Jeder und jede muss dabei für sich die Form finden, die zu ihm oder zu ihr passt oder die von den Gegebenheiten her möglich ist. Mut machen möchte ich auch, den Dank, der ausgesprochen wird, anzunehmen, und nicht, wie das oft der Fall ist, auf die Seite zu wischen und nicht ernst zu nehmen. Es gibt einen Dank, den wir verdienen oder uns auch verdient haben, und der soll uns auch zukommen. Wir selbst sollen ihn aber auch uns selbst gönnen, ihm Platz in uns einräumen, sodass er sich in uns ausbreiten kann und, so gut es geht, dort auch verweilen kann, sodass wir noch lange von ihm zehren können.

Es ist ein gutes Gefühl, Spuren zu hinterlassen. Daran können wir uns im Ruhestand erfreuen. Ich glaube, je mehr wir das auch für uns selbst würdigen können, desto weniger müssen wir ständig darüber reden, was wir alles geleistet haben, und damit den anderen auf die Nerven gehen. Auch wenn wir eines Tages sterben, kann der Gedanke daran, Spuren hinterlassen zu haben, es uns erleichtern, zu gehen. Also stehe zu deinen Erfolgen, zu dem, was, du geleistet hast, freue dich über die Ernte, die du eingefahren hast, und koste es aus, jetzt nicht länger den Mühen ausgesetzt zu sein, die notwendig waren, um diese Früchte zu erzielen.

7. Zurück zur Natur!

Mir hilft, mich immer wieder in den Augenblick zurückzuholen. Innezuhalten, um mich zu schauen, einzuatmen, in den Frühlingsmorgen zu gehen, voller Dankbarkeit darüber, dass ich lebe, dass ich den Augenblick genießen kann. Dass dieser Augenblick, den ich gerade erfahre, das Wichtigste ist. Dass ich in diesem Moment mit allem um mich herum, aber auch der ganzen Schöpfung und was sie enthält, verbunden bin. Dass ich lebe, in Fülle lebe. Dass eigentlich alles schon da ist. Dass man sich in kleinen Augenblicken mit allem verbunden fühlen kann: O Augenblick verweile, du bist so schön, das höchste Glück bedeutet, das uns geschenkt werden kann. Solche Augenblicke darf ich jetzt schon mehr als bisher erfahren und auskosten.

(AUS MEINEM TAGEBUCH)

Dem Rhythmus der Natur folgen

„Zurück zur Natur", das klingt zunächst nach Rousseau, der in seinen autobiografischen Betrachtungen „Träumereien eines einsamen Spaziergängers" uns aufruft, die Zivilisation hinter uns zu lassen und zur Natur zurückzukehren, um wieder Mensch und Naturwesen zu werden. Für ihn lebt „der Wilde" in sich selbst, während der Gesellschafter Mensch stets „außerhalb von sich selbst lebt". Vor über150 Jahren hat Henry David Thoreau die Zivilisation hinter sich gelassen und über ein Jahr lang in einer Hütte, mitten in einem Wald in der Nähe eines Sees, gelebt. In seinem Buch *Walden* oder *Das Leben in den Wäldern* (1979) und in seinen Tagebüchern (1996) berichtet er davon, wie ungemein schön, ja, einzigartig die direkte Begegnung mit der Natur, dem Natürlichen und Einfachen sein kann. Für ihn geht von der erfahrenen Verbundenheit mit unseren Mitgeschöpfen, den Tieren, und unserer Schwester Schöpfung, den Pflanzen, der Erde, dem Wasser, der Sonne und dem Himmel etwas Wohltuendes und Heilendes aus. Auch Thomas Merton, der in den letzten Jahren seines Lebens in einer Einsiedelei lebte und jeden Tag die Wälder in seiner Umgebung aufsuchte, ist diesem Ruf gefolgt und berichtet davon, wie sehr das Leben in den Wäldern, der von der Natur vorgegebene Rhythmus seiner gewünschten Lebensweise entsprach.

Für viele Menschen hat die Natur etwas Faszinierendes an sich. Sie ziehen sich immer wieder in sie zurück, machen dort Urlaub, saugen sich voll von der Schönheit, die sie dort erleben dürfen. „Wir brauchen seelische Nahrung", meint C. G. Jung (1994). „Man findet sie nicht in Mietskasernen, wo keine grüne Matte, kein blühender Baum zu sehen ist. Wir brauchen auch eine ständige Verbindung mit der Natur." Auch wenn wir nicht alle unsere ganze Zeit in der Natur verbringen können und obwohl wir die Vorteile der Zivilisation durchaus zu schätzen wissen, kann der Ruhestand die Zeit sein, dem „Zurück zur Natur" mehr Folge zu leisten als bisher. Wir können dafür Sorge tragen, dass die Balance zwischen Naturseite und Zivilisationsseite stimmiger wird. Die Naturseite ist während des Berufslebens oft zu kurz gekommen. Das aber hat – davon bin ich überzeugt – unserer Seele geschadet. Der Psychologe Ludwig Klages schrieb im vorigen Jahrhundert ein Buch mit dem Titel *Der Geist als Widersacher der Seele*. Darin weist er auf die Gefahr hin, die in einem von der Technik – als Kind des Geistes – vorgegebenen Rhythmus für die Gesundheit unserer Seele liegen kann. Die Zunahme von Burnout, das Menschen zwingt, ihre Arbeit zu unterbrechen und sich eine Auszeit zu gönnen, ist ein Beleg dafür.

„Das Wesen des Menschen ist von Natur aus gütig, ebenso wie das Wasser von Natur aus die Eigenschaft hat, nach unten zu fließen. Peitscht man Wasser auf, dann kann es hoch aufspritzen, dass es einem über die Stirne geht. Dämmt man es ein und leitet es durch Rohre, dann kann es einen Berg hinaufsteigen. Ist das aber die wahre Natur des Wassers? Nein. Eine stärkere Macht ist es, die es dazu bringt. Mit den Menschen ist es das Gleiche. Auch sie können dazu gebracht werden, nicht mehr gütig zu sein."

Diese Erkenntnis von Mong De (in: Thiek 1939, 11), einem konfuzianischen Philosophen, spricht mich sehr an. Ich bin mir bewusst, dass es im Leben nicht genügt, einfach das Wasser hinunterfließen zu lassen, und es vieler Anstrengungen und Fantasie bedarf, das Wasser für die verschiedensten Belange zu nutzen. Das gilt auch für meine jetzige Situation. Dennoch habe ich jetzt die Chance, Extreme zu vermeiden: eben nicht mehr das Wasser aufzupeitschen und damit so hoch zu spritzen, dass es über „die Stirne" geht. Die Vorstellung, es einfach wie es seiner Natur entspricht, nach unten fließen zu lassen, hat etwas Verlockendes an sich. Wenn ich das auf mich wirken lasse, merke ich, wie ich mich entspanne, mein inneres Treiben unterlaufen wird, meine Überlegungen, wann ich dieses und jenes noch erledigen muss, unterbrochen werden. Das Privileg, jetzt mehr als bisher das Wasser nach unten fließen zu lassen, will und sollte ich jetzt mehr wahrnehmen. Es wird, davon bin ich überzeugt, meine Lebensqualität verbessern. Wenn damit sogar einhergeht, dass ich gütiger werde, dann sollte mich das zusätzlich dazu animieren.

Für mich beginnt das schon damit, mich mehr dem von der Natur vorgegebenen Rhythmus hinzugeben. Früher ins Bett zu gehen und früher aufzustehen, um den Morgen bewusst beginnen und begrüßen zu können. Thoreau (1996, 79) schreibt hierzu:

„Mein Leben ist am heiligsten, wenn ich morgens erwache. Oft umgibt mich eine Aura, als wären meine Träume, deren ich mich nicht entsinnen kann, göttlich gewesen, als hätte mein Geist eine Reise in seine Heimat angetreten."

Die Langsamkeit entdecken

Ich bin dabei, die Langsamkeit zu entdecken. Im Entdecken der Langsamkeit spüre ich zugleich zunehmend die heilende Wirkung, die davon ausgeht. Mir wird bewusst, wie sehr ich in den vergangenen Jahren unter Druck stand, eines nach dem anderen abzuwickeln. Dass mir oft nicht die Zeit blieb, die ich gebraucht hätte, vor allem zwischen den Ereignissen, bei denen ich gefordert war, sei es als Therapeut in Gesprächen, sei es als Redner bei Vorträgen, sei es als Verantwortlicher einer Einrichtung mit unzähligen Aufgaben.

Jetzt genieße ich es, mir mehr Zeit bei den Gesprächen und zwischen den Gesprächen zu lassen. Sosehr ich weiß, wie wichtig es ist, sich auch aus therapeutischen Gründen an einen Zeitrahmen zu halten, gerate ich jetzt aber nicht mehr unter Druck, wenn ein Gespräch etwas länger dauert, und kann das gut zulassen. Für meine Vorträge ist es mir wichtig, gut vorbereitet zu sein und nicht einfach einen bereits zuvor gehaltenen Vortrag aus der Schublade zu holen und ihn irgendwo genauso zu halten. Ich habe mir daher immer schon Zeit dafür genommen.

Wenn man achtsamer und behutsamer durch den Tag geht, steigert das die Lebensqualität. Als ich zu einem Vortrag in Straubing ankomme, finde ich nicht zu meinem Hotel, das in der Fußgängerzone liegt und, bedingt durch Straßenrenovierungsmaßnahmen, für einen Fremden kaum zu finden ist. Ich frage einen Mann in der Fußgängerzone, der mir anbietet, sich in mein Auto zu setzen und mich auf dem Weg zum Hotel zu begleiten. Es stellte sich heraus, dass er Polizist war. Das war mir noch nie passiert: Das Einzige, was ich dazu beitragen musste, war, mich bei ihm nach dem Weg zu erkundigen. Später ging ich durch das einzigartig schöne Straubing, besuchte die Asamkirche der Ursulinen und ließ mich dort von dem einzigartigen Kirchengebäude inspirieren, ich tauchte ganz bewusst ein in diesen heiligen Raum, der zu Betrachtung und zum Beten einlädt.

Das langsamere Vorgehen verhindert, zu schnell über etwas hinwegzulesen oder hinwegzugehen. Es schärft meine Konzentration, hilft mir, einen besseren Überblick zu bekommen über das, was schon vorhanden ist. Vor allem aber trägt die Langsamkeit dazu bei, mehr in der Gegenwart zu sein. Das aber lässt mich das, was ich jetzt gerade mache, intensiver erfahren. Es wäre gut, wenn wir das während unseres Berufslebens praktizieren könnten. Leider sind dort die Voraussetzungen jedoch oft nicht so, dass man das wirklich beherzigen kann. Jetzt im Ruhestand sollten wir es aber beherzigen.

Im Augenblick leben

Im Unterschied zu anderen Kirchenvätern, die Lust als etwas Negatives sehen und Lust sehr schnell einseitig mit Verlangen nach erotischer Lust, nach Begierde, gleichsetzen, betrachtet der Kirchenvater Thomas von Aquin Lust als etwas Positives, da die Erfahrung von Lust uns in die Gegenwart zurückbringt. „Die Lust ist immer etwas, das ich jetzt im Augenblick spüre ... Lust unterbricht die Routine. Daher lädt uns Thomas ein, uns ganz auf den Augenblick einzulassen. Er rät, das, was wir gerade erleben, mit aller Lust zu erleben" (Grün 2012). Wenn die Erfahrung von Lust und Genießen uns gegenwärtig sein lässt, kann das auch ein Weg sein, überhaupt bewusster zu leben, den heutigen Tag, wie Meister Eckhart empfiehlt, zum wichtigsten Tag zu machen. Unser Leben in Fülle zu kosten. Auszukosten. Nicht daran vorbeizuhetzen, einen Termin nach dem anderen wahrzunehmen, sondern ganz präsent sein, den Moment genießen, sodass der Augenblick zum Sakrament, zu einem heiligen Geschehen werden kann. Wann, wenn nicht jetzt im Ruhestand haben wir die Möglichkeit dazu?

Ich will voller Zuversicht in die Zukunft gehen, der Zeit entgegen, die mir noch geschenkt ist. Ich will sie zur besten Zeit meines Lebens machen. Nicht in dem Sinne, dass ich mich anstrenge, möglichst viel aus ihr zu machen, viel aus ihr herauszuholen. Vielmehr will ich, so gut es geht, so leben, wie ich eigentlich schon immer leben wollte: wie einer, der den Augenblick auskostet. Der so lebt, wie wenn er schon im Himmel wäre, was für mich heißt, ohne Verschränkungen zu leben. Leben und sein, wie der Regen regnet, einfach regnet und ist. Die Dinge einfach auf mich wirken lassen. Mir wird bewusst, es geht allein darum, dass ich das, was ich tue, ganz bewusst tue. Wirklich im Augenblick zu bleiben.

(AUS MEINEM TAGEBUCH)

Mindfulness kann ich mit Achtsamkeit übersetzen, auch wenn das nicht ganz das trifft, was mit *mindfulness* gemeint ist. Es meint unter anderem, sich nicht von den eigenen Gedanken bestimmen zu lassen, sondern den inneren Zustand zu suchen, sich auf den inneren Zustand zu konzentrieren, der vor dem Denken, vor den Gedanken da ist. Wir sollten das immer oder immer wieder versuchen, und ich selbst habe andere oft dazu aufgefordert, das zu tun, und auch versucht, es selbst zu beherzigen, um mich dann aber durch tausend andere Dinge davon abhalten zu lassen. Jetzt im Ruhestand haben wir aber eigentlich keine Ausrede mehr, uns die Zeit dafür zu nehmen. Trägt es doch dazu bei, dass wir, wenn wir uns auf diese Weise auf unseren inneren Zustand konzentrieren, mehr im Hier und Jetzt verweilen.

Gerade besuchen meine Frau und ich unsren Sohn Thomas in den USA, der dort lebt. Immer wieder muss ich dagegen ankämpfen, bei dem Gedanken, dass er so weit weg von uns lebt, nicht in einen allzu großen Abschiedsschmerz zu geraten. Trotzdem spüre ich den Schmerz, wenn ich an bestimmte Situationen in der Vergangenheit denke, als er noch bei uns zu Hause wohnte. Die wird es jetzt nicht mehr geben, oder es werden auf alle Fälle weniger werden ob der großen Entfernung. Ich halte inne, halte meine Gedanken, die in der Vergangenheit oder der Zukunft weilen, an und verweile einfach nur bei dem, was augenblicklich ist.

Jetzt bin ich mit ihm, und ich will jetzt nur ganz bewusst mit ihm sein. Ich will mir die Zeit mit ihm nicht durch die Gedanken und die damit einhergehenden seelischen Schmerzen über das, was einmal war oder vielleicht einmal sein oder nicht sein wird, im wahrsten Sinne des Wortes nehmen lassen. Ich will einfach im Jetzt und Hier sein. Es gelingt mir. Der Schmerz, der gerade noch spürbar war, vergeht. Ich bin präsent. Er, unser Sohn, ist präsent. Jetzt. Da ich mich von keinen Gedanken mehr ablenken lasse, ist er für mich noch mehr da als vorher.

So will ich es auch mit anderen Situationen machen. Mein Fokus liegt dann auf dem Jetzt. Dem Heute. Dem, was gerade geschieht. Ich unterlasse nicht, zu tun, was ich tun muss, um weiterhin von meinen äußeren Bedingungen her gut und sinnvoll leben zu können. Aber ich belaste mich nicht mit ungelegten Eiern. Dadurch kommt eine neue Qualität in mein Leben. Vor allem aber breitet sich in mir mehr als bisher Zufriedenheit und Freude aus, was eine große Dankbarkeit in mir auslöst.

„Wenn man lernt, die Tage zu nehmen, wie sie kommen, hat man das Wichtigste im Leben gelernt" (Nesser 2015, 94). Ich wache in dem Bewusstsein auf, dass das, was ich bisher gelebt habe und was ich augenblicklich lebe, *das* Leben ist: nicht mehr und nicht weniger. Nicht, dass ich das nicht auch schon bisher gewusst hätte. Doch es wird mir noch einmal auf einer tieferen Ebene bewusst. Es ist wie ein inneres Aufwachen: *Das* ist das Leben. Das einzige, das du hast. Das eigentliche Leben kommt nicht erst morgen. Wenn du dieses Leben nicht lebst, dann hast du dein Leben nicht gelebt.

Warum werde ich auf eine so innige Weise darauf hingewiesen? Wir besuchen unseren Sohn Thomas in den USA, wo er in wenigen Tagen zum Pastor der Schwedenbourg-Kirche ordiniert wird. Unser letzter Besuch liegt über ein Jahr zurück. Vielleicht ist es das. Ich kann nichts aufhalten. Die Zeit geht einfach weiter. Noch bin ich bei diesem Spiel des Lebens dabei. Andere, die jetzt in meinem Alter oder noch jünger wären, sind es nicht mehr. An einige von ihnen muss ich denken. Auch für mich kann es jederzeit zu Ende sein. Es bleibt mir nichts anderes übrig, als mitzuspielen. Ich kann nicht irgendwo aufspringen oder abspringen – will es auch nicht.

Jetzt ist die Zeit, auf die es ankommt

Was ich tun kann, ist: mitgehen. Nicht stehen bleiben. Ständig in Bewegung bleiben. Vor wenigen Wochen war es die wunderschöne Verabschiedung vom Recollectio-Haus. In den letzten

Wochen ging es mir vor allem darum, die berufliche Situation in neue Bahnen zu bringen. Jetzt möchte ich die Tage hier in den USA auskosten. Das ist das richtige Wort: auskosten. Für mich heißt das, diese Tage nicht einfach verstreichen zu lassen, sondern ganz bewusst zu leben und zu gestalten. Ja, sie so zu leben, wie es Meister Eckhart einmal sagte, als wären sie die wichtigsten Tage des Lebens. Ja, das ist es: Man muss jeden Tag zum wichtigsten Tag seines Lebens machen. Dabei geht es nicht darum, diesen Tag mit möglichst viel anzufüllen, sondern ihn mit allen seinen Möglichkeiten, was seine Dichte, seine Einmaligkeit betrifft, auszuschöpfen. Das aber wird mir am ehesten gelingen, wenn ich ihn bewusst lebe und innerlich wach den anderen und allem, was um mich herum geschieht, begegne.

Ich muss an eine Ordensfrau denken, die schon weit über 90 Jahre alt ist. Sie ist, wenn sie da ist, einfach da. Sitzt einfach da. Sie wartet nicht auf das Leben, und sie wartet nicht auf den Tod. Sie ist bereit zu leben, lebt einfach ohne Warum. Wenn es so weit ist zu sterben, ist sie – davon bin ich überzeugt – bereit, zu sterben ohne Warum. Für meine neue Lebensphase, die mit dem Ruhestand begonnen hat, kann ich von ihr lernen, noch mehr als bisher einfach da zu sein, einfach zu leben ohne Warum.

Von einer solchen Einstellung geht eine überwältigende Kraft aus, die mich dazu ermutigt, alles aufs Spiel zu setzen, was mir an Leben und Lebensmöglichkeiten zur Verfügung steht. Es ist eine Gegenbewegung zu einem Verhalten, bei dem ich mich vor dem Leben verkrieche, weil ich ständig auf der Hut bin, es könnte etwas passieren. Es ist eine Gegenbewegung zu einer Lebenshaltung, bei der ich versuche, festzuhalten, was ich nicht festhalten kann, während mir dabei das gegenwärtige Leben mit seinen Möglichkeiten davonläuft.

Während ich nach einer kleinen Morgenandacht den Blick nach außen gerichtet durch unser Hotel in Berkeley, direkt an der Bucht von San Francisco gelegen, gehe, wird mir aus der Tiefe meines Herzens, aus der Tiefe meines Bewusstseins klar: *Jetzt ist die Zeit, jetzt lebe ich.* Die Sonne scheint. Ich schaue auf die Blumenpracht vor dem Hotel. Jetzt und nur jetzt zählt in diesem Moment. Ich merke, wie in diesem Moment alles von mir wegfällt, was mich bis jetzt in Beschlag genommen hat, und wie gut das Leben schmeckt, wie reich und erfüllt es ist, jetzt, da ich ganz im Jetzt lebe.

Ich will mich nicht so sehr hineinsteigern in die Überlegungen, wie es jetzt für mich weitergeht, dass ich dabei das, was gerade geschieht, aus dem Blick verliere. Da aber hilft es mir, mich immer wieder in den Augenblick zurückzuholen, innezuhalten, um mich zu schauen, einzuatmen, in den Frühlingsmorgen zu gehen, voller Dankbarkeit darüber, dass ich lebe, dass ich den Augenblick genießen kann. Dass dieser Augenblick, den ich gerade erfahre, das Wichtigste ist. Ich in diesem Moment mit allem um mich herum, aber auch der ganzen Schöpfung und was sie enthält, verbunden bin. Dass ich lebe, in Fülle lebe. Dass eigentlich alles schon da ist. Was auch immer ich anders tun werde als bisher, wie ich mich aufstelle, was ich neu organisiere, es soll das, worum es eigentlich geht, was vor allem Tun kommt, nämlich einfach zu sein, nicht untergraben. Wo mir das gelingt, kann ich sagen: „O Augenblick verweile, du bist so schön."

Das muss man aber auch erst können. Ich sehe vor mir einen bekannten Schriftsteller, der viel darüber geschrieben hat, wie wichtig es ist, im Augenblick zu leben, wie er zwar für einen Moment dem einzigartigen Anblick des in die Strahlen der Abendsonne eingetauchten Waldes seine Aufmerksamkeit schenken kann, dabei aber so erschöpft und abwesend wirkt. Er hat gar keine Kraft, diesen Moment auszukosten, zu leben, wirklich zu genießen.

Umkehren und wie ein Kind werden

Alles fließt, sagt der Philosoph Heraklit. Das gilt für das ganze Leben. Es gilt aber in besonderer Weise, so meine Erfahrung, für die Zeiten des Überganges in unserem Leben. Das erlebe ich auch jetzt. Es hat sich vieles verändert, zunächst nur äußerlich. Je länger ich mich in dieser neuen Situation befinde, desto deutlicher spüre ich, wie sich auch innerlich etwas verändert. Jetzt ist tatsächlich vieles im Fluss. Das ist zunächst ungewohnt, es macht mich zwischendurch auch unsicher, aber es eröffnet mir auch neue Möglichkeiten. John O'Donohue (2001, 23) beschreibt das so wunderbar in folgendem Gedicht:

> Ich würde gerne leben
> So wie ein Fluss fließt
> Und mich überraschen lassen
> Von dem, was er dabei von sich preisgibt

Während ich das schreibe, regt sich meine Seele. Sie stimmt mir zu. Sie hat lange auf diesen Augenblick gewartet. Sieht sie doch ihre Chance, wieder mehr in meinem Leben zum Zuge zu kommen, wenn ich fließe. Jetzt kann das in mir entbunden werden, was tief in mir schlummert und darauf wartet, endlich in meinem Leben vorzukommen, vielleicht auch wieder vorzukommen. Ich denke dabei nicht zuerst an Dinge, die ich noch gerne unternehmen, oder Träume, die ich mir noch gern erfüllen will, also die sogenannte Löffelliste, in der ich die Dinge auflistet, die ich noch tun will, bevor ich den Löffel abgebe.

Meine Bekannte Michaela, die inzwischen 63 Jahre alt ist, hat sich einen lang gehegten Wunsch erfüllt und ist mit einem kleinen Flugzeug in die Höhe gestartet, um dort, man könnte fast sagen, vom Himmel, ausgestattet mit einem Fallschirm in Begleitung eines erfahrenen Fliegers, den Sprung in die Tiefe zu wagen. Sie erinnert sich nicht mehr an den Moment, an dem beide den Überschlag machten. Ansonsten hat sie aber dieses Erlebnis als eine einzigartige Erfahrung in Erinnerung. Einen vergleichbaren Wunsch, den ich mir noch erfüllen wollte, kenne ich nicht. Was sich Michaela wünschte, wäre jetzt aber auf alle Fälle nichts für mich. Dafür habe ich, glaube ich, viel zu viel Angst. Aber vielleicht fällt mir ja noch etwas anderes ein.

Einen Zugang zu unseren natürlichen Gefühlen finden

Was ich aber meine, wenn ich von der Chance spreche, im Ruhestand wieder etwas mehr zum Zuge kommen zu lassen, leben zu lassen, was in den Jahren des Berufslebens zu kurz gekommen ist, geht zunächst in eine andere Richtung. Ich möchte das anhand eines Fallbeispiels erklären.

Ein angesehener und erfolgreicher Geschäftsmann geht in Therapie, weil er, seitdem er sich im Ruhestand befindet, keine Freude mehr empfindet. Es ist alles so weit in Ordnung, er hat ein gesichertes Auskommen, die Beziehung zu seiner Frau ist gut, er ist gerne mit seinen Enkeln unterwegs. Was er vermisst, ist das Scheinwerferlicht aus der Zeit, in der er allseits geschätzt war und immer im Zentrum des Interesses stand. Freilich, so wird im Verlaufe der Gespräche klar, war diese Freude, die er in dieser Zeit empfand, nicht wirklich Freude. Es tat ihm gut, wenn er sich in der Bewunderung, die andere ihm entgegenbrachten, aalen konnte. Eigentlich war ihm schon längst die Freude abhandengekommen. Das schöne Gefühl, das die Bewunderung bei ihm auslöste, täuschte ihn darüber hinweg, dass er sich schon lange nicht mehr wirklich freuen konnte. Jetzt, wo die Bewunderung wegfällt, spürt er erst richtig, was ihm fehlt. Ihm wäre nicht damit geholfen, das alte Spiel weiterzuspielen, also zu schauen, wie er wieder mehr Bewunderung durch andere erhalten kann.

Für ihn ist es an der Zeit, tiefer zu schauen, den Ruhestand dazu zu nutzen, zu leben wie ein Fluss und sich überraschen zu lassen, was sich dabei in ihm neu entfaltet, darunter auch Gefühle, die noch nicht zugelassen oder irgendwann ihm ausgetrieben worden waren.

Der Zugang zu unseren Gefühlen ist natürlich auch unabhängig von einer neuen Lebensphase, in die wir uns begeben, wichtig. Doch solche Phasen können dazu beitragen, endlich „nachzusteuern", Blockaden zu beseitigen, die den Lebensfluss beeinträchtigen. Wollen wir die neue Lebenssituation für uns nutzen, wollen wir, dass unser Leben mit dem Ruhestand nicht einfach stehen bleibt, müssen wir wieder mehr werden wie die Kinder, die das Leben spielen. Wir können natürlich nicht einfach wieder von vorne anfangen. Was wir erlebt haben, hat uns geprägt, hat uns vorsichtiger, berechnender, vernünftiger gemacht, was ja auch wichtig war und bleibt. Wir können uns jetzt aber den Luxus leisten, wieder mehr zu werden wie die Kinder, unbefangener, spontaner, gefühlsbetonter. Wir können das Leben gelassener angehen, müssen nicht jeden Schritt, den wir gehen, vorher gut überlegen. Wir können wie die Kinder, zumindest ab und zu, hüpfen.

Wir brauchen Zeiten heiligen Nichtstuns, in denen wir einfach leben, da sind, präsent sind, das Leben schmecken, riechen, tasten, spüren: leben. Zeiten, in denen wir das Leben in Fülle leben, in denen wir nicht bestimmt werden von den tatsächlichen und angenommenen Zwängen des Alltags und der Arbeit, die nicht besetzt sind von Zielen, Zwecken, Pflichten; von Resultaten, Profiten, die erreicht werden müssen. Diese Zeit habe ich. Eine Zeit heiligen Nichtstuns, bei dem ich auch die spielerische Seite zulassen kann. „Wenn ihr nicht umkehrt und werdet wie die Kinder, werdet ihr nicht in das Himmelreich eingehen", heißt es im Neuen Testament. Solange wir unsere Herzen lebendig und jung erhalten, machen wir auch noch ab und zu etwas Verrücktes. Unterdrücken wir dagegen unsere Herzen, werden wir lebendig tot sein.

Wissenschaftliche Untersuchungen weisen darauf hin, dass wir im zunehmenden Alter die Kindheit wiederentdecken: das innere Kind, das uns im Rahmen unserer Erziehung und im Laufe unseres Berufslebens abhandengekommen ist. Oft geschieht das auch durch den Kontakt mit den Enkelkindern. Manchmal wünschte ich mir, ich könnte wieder so unbefangen, leicht, froh sein, wie ich es in der frühen Kindheit war. Ich muss an eine Bemerkung von Martin Buber denken, der sinngemäß sagte, dass ihn, je älter er wurde, desto mehr die Ekstase verlassen habe. Bei ihm habe das begonnen, als er bei mehreren Personen, die ihn aufgesucht hatten, nicht mitbekommen habe, dass sie suizidgefährdet waren, und die sich das Leben nahmen.

Die Handbremse lockern und leben

Während ich darüber nachdenke, befinde ich mich in den USA, darunter auch an Orten, an denen ich als junger Mann für eine längere Zeit lebte. Ich erinnere mich noch gerne an meine erste Begegnung mit dem Atlantischen Ozean in der Nähe von Los Angeles, wie ich mich damals in die heranbrausenden riesigen Wellen stürzte und mich von ihnen davontragen ließ. Das hatte etwas Ekstatisches an sich. Heute spüre ich angesichts des Ozeans einen leisen Impuls, mich wie damals ins Wasser zu stürzen, doch es reicht nicht aus, um es dann tatsächlich zu tun.

Das haben wir verlernt. Das habe ich verlernt in den letzten Jahren und Jahrzehnten. So viel und vielleicht auch zu viel ist seitdem geschehen – in meinem eigenen Leben und im Leben der anderen. Auch hat sich die Welt um mich herum sehr verändert. Das hat mich bedächtiger und ernster werden lassen. Die Unbefangenheit von damals ist verschwunden. Dazu kommt, dass ich 30, 40 Jahre älter bin als damals. Die alltäglichen Herausforderungen, die Sorgen um die Kinder, die Mühen um ein gesichertes Auskommen für die Familie, die Konfrontation mit Krankheiten und Tod, haben Spuren hinterlassen und zunehmend die kindliche Unbefangenheit abgelöst durch Bedächtigkeit, sorgfältiges Planen und manchmal auch eine gewisse Schwere. Das Leben fand irgendwie mit gezogener Handbremse statt. Das ist alles gut nachvollziehbar, und auch jetzt kann ich die Handbremse nicht einfach lösen.

Doch muss das so sein? Jetzt im Ruhestand kann ich die Handbremse lockern. Es ist vieles erreicht. Die Kinder müssen nicht mehr finanziell unterstützt werden. Ich muss nicht so viel Kraft aufwenden wie bisher, um das Leben zu gestalten oder den vorgegebenen beruflichen, familiären Rahmen aufrechtzuerhalten, die Dinge so zu regeln, dass alles gut funktioniert. Ich kann, da ich nicht mehr so sehr durch äußere Aktivitäten und Anstrengungen absorbiert werde, loslassen, entspannen, unbefangener werden und damit Gefühle freisetzen, die bisher niedergehalten wurden. Ich komme mit ihnen wieder in Berührung, höre wieder, wie meine Seele singt. „Glück ist ein leises Singen der Seele" (Maurina Zenta). Heiterkeit stellt sich ein. Ich sehe die 81-jährige Dawn, Oma unserer amerikanischen Schwiegertochter, vor mir. Als wir uns verabschiedeten, meinte sie, wir wissen nicht, ob wir uns in diesem Leben noch mal sehen werden. Und dann lachte sie und konnte sich fast nicht einkriegen. Es war ein befreites Lachen. Ein Lachen gegen den Tod oder Arm in Arm mit dem Leben und dem Tod. Ein Lachen, das mich ansteckte.

Uns nicht länger von unserem Beruf her verstehen

Ich muss an einen Chefarzt denken, der sich entschieden hat, bis 75 zu arbeiten, da er sich nicht vorstellen kann, seine Enkel im Kinderwagen spazieren zu fahren oder am Morgen stundenlang die Zeitung zu lesen. Ich kann ihn gut verstehen und meine auch zu wissen, was er damit meint. Dennoch kam auch etwas Überhebliches herüber in dem, was er sagte. Das ist mir wieder erneut bewusst geworden bei der Lektüre der Tagebücher von Thomas Merton. Was ihm genügt, wonach er sich sehnt, so schreibt er, ist nicht, jemand zu sein, sondern einfach zu sein. Dafür genügt es ihm, sich in den Wäldern aufzuhalten, barfuß und zweckfrei unter den Kiefern entlangzugehen, viel zu meditieren und ein wenig zu lesen. Das erinnert mich an den Dichter Thoreau (1979, 193), der über sein Leben in den Wäldern schreibt: „Ich war reich, wenn auch nicht an Geld, so doch an sonnigen Stunden und Sonnentagen. Ich gab sie aus mit offener Hand. Auch bedaure ich nicht, dass ich nicht mehr von ihnen auf dem Katheder oder in der Werkstatt verschwendete."

Ich bin in diesen Tagen, wenn ich Zeitung oder in Magazinen lese, viel sensibler als sonst für Themen, die mit Rente oder neuer Lebensphase zu tun haben. So bleibe ich bei einem Interview mit dem Schauspieler Sir Ian McKellen in der Frankfurter Allgemeinen Sonntagszeitung (2015, 13) hängen, von dem es heißt, dass er im Shakespeare-Theater ebenso zu Hause ist wie im „Herrn der Ringe". Auf die Frage, ob Pensionierung für ihn eine Option sei, er ist schon über 75 Jahre alt, antwortet er: „Nicht für mich ... Wenn ich kein Schauspieler mehr bin, was zum Teufel bin ich dann?" Wir definieren uns sehr durch unsere Tätigkeit, unsere Stellung, unseren Status. Es ist uns wichtig, jemand zu sein. Oft haben wir auch ein Bild von uns, wer wir sind oder wer wir aus der Sicht der Außenwelt sein möchten: der Mönch, der Schriftsteller, der Politiker, oder gar der begnadete Schriftsteller, der berühmte Politiker. Ich habe es manchmal erlebt, dass jemand mich fragte: Sind Sie *der* Wunibald Müller? Ich versuche, mich von solchen eigenen oder von außen zugetragenen Zuordnungen frei zu machen, weiß aber um ihre Bedeutung. Der Tiefenpsychologe C. G. Jung würde hier von der Person Nr. 1 sprechen. Darunter versteht er die äußere Person, die mitten im Leben steht und versucht, dort ihren Platz zu finden. Wichtig ist, sich nicht auf solche Zuschreibungen reduzieren zu lassen und um die mögliche Gefahr der Entstellung und Aufblähung, die damit einhergehen kann, zu wissen.

Aber was heißt das für mich? Wenn ich auf mich schaue, dann bin ich zumindest nicht länger der Leiter des Recollectio-Hauses. Ich nehme nicht länger eine wichtige Funktion, die mein Leben in den letzten 25 Jahren stark bestimmt hat, wahr. Ich würde nicht sagen, dass ich mich über diese Funktion definiert habe, und doch war sie bisher ein entscheidender Teil meines Lebens. Es gibt viele Menschen, die meinen Namen mit dieser Funktion verbinden. Andere Funktionen, die in meinem Leben eine Rolle spielen, sind der Schriftsteller oder der Referent, der viele Vorträge hält. Ich könnte nun sagen, ich konzentriere mich in Zukunft auf die mir noch verbliebenen Funktionen und nutze die größere – auch kirchliche – Unabhängigkeit, diese Bereiche noch mehr auf meine Art zu gestalten. Ich spüre, wie mich das reizt.

Auf der anderen Seite zögere ich und eine innere Stimme rät mir, den Wechsel als Umkehr zu verstehen. Damit meine ich, jetzt nicht wieder einen öffentlichkeitswirksamen Wunibald Müller zu kreieren oder zu erfinden, der für dieses und jenes steht, etwa der Kirchenrebell, der psychologisch-spirituelle Schriftsteller, der die enge kirchliche Spiritualität sprengt – so verlockend ich die Vorstellung auch finde. Umkehren würde dagegen bedeuten, mich nicht länger von meiner Funktion her zu verstehen, nicht länger für oder wegen etwas zu leben, also ohne Warum zu leben.

Sich nicht von der Funktion bestimmen zu lassen, bietet die Chance, überhaupt noch näher an das Leben selbst heranzukommen. Ich lese gerade viel in den Tagebüchern von Thomas Merton (1999). Da schreibt er an einer Stelle: „Es ist absurd, nach meiner Funktion in der Welt zu suchen, oder ob ich eine habe, solange ich nicht zuallererst lebendig und innerlich wach bin" (221). Darum geht es doch in erster Linie. Umkehren bedeutet also: Ich lasse zu, was mich lebendig sein lässt, ich versuche, innerlich wach zu sein, vermeide, was mich davon abhalten könnte, und schaue, was daraus entsteht. Ich muss mich dann nicht anstrengen, mich neu zu erfinden, sondern versuche noch mehr als bisher, eine Lebendigkeit ohne Abhängigkeit von anderen zu erreichen.

Ich muss an den kirchlichen Würdenträger denken, der mit einer Selbstverständlichkeit in seinem Bischofshaus wohnen bleibt, auch wenn er nicht länger aktiver Bischof ist. Alle um ihn herum wundern sich, ja, empören sich und sind entsetzt. Doch er scheint es nicht zu merken. So sehr hat das Anspruchsdenken, das er von seinem Amt herleitet, von ihm Besitz ergriffen, dass er nicht länger in der Lage ist, sich auf die gleiche Ebene mit den anderen zu stellen. Der spirituellen Herausforderung, die für ihn darin bestehen könnte, sich zurückzuziehen, loszulassen, endlich den Weg nach innen anzutreten, stellt er sich offensichtlich nicht. Dabei hat er sich große Verdienste erworben, auf die er dankbar zurückblicken kann. Die Vollendung seines Lebens, so mein Eindruck, würde für ihn darin bestehen, sich jetzt von der inneren Sonne wärmen zu lassen und nicht länger von der äußeren, da sie ihm nicht geben wird, was er vielleicht immer noch von ihr erwartet.

Aber was kümmere ich mich um andere? Bleibe ich doch bei mir und schaue darauf, ob er mich auf Seiten von mir verweist, die ich möglicherweise bisher übersehen habe. Spüre ich doch auch bei mir, wie schwer es mir fällt, loszulassen, mich nicht länger über dieses oder jenes zu definieren. Erwische ich mich doch dabei, wie ich mir überlege, wie ich es anstellen muss, dass Leute, die etwas von mir wollen, mich auch erreichen können. Ich lese voller Faszination, was Thomas Merton über sein Bemühen schreibt, von seiner Vielschreiberei loszukommen, weil er merkt, wie sehr ihn das wegführt von sich selbst, ihn daran hindert, einfach nur zu sein,m und nicht länger seine Bedeutung von der Außenwirkung her beeinflussen und bestimmen zu lassen. Ich müsste so leben, meint er, wie wenn ich für die Welt schon längst vergessen wäre. Aber das ist ja auch – zugegeben – ein sehr hoher Anspruch.

Leben ohne Warum

Das Leben, so Meister Eckhart (1979, 180), lebt „aus seinem eigenen Grund", quillt „aus seinem Eigenen" und „darum lebt es ohne Warum eben darin, dass es sich selbst lebt". Wenn ich diese Worte auf mich wirken lasse, geht etwas unendlich Befreiendes davon aus. Mein Leben erhält dadurch etwas Fließendes, das sich ohne Unterbrechung nach vorne bewegt, um irgendwann am Ende in das unermessliche Meer der Unendlichkeit zu münden. Jetzt sehe ich das Leben als eine Einheit, teile es nicht länger auf in bestimmte Phasen und Erlebnisse, sehe es jedenfalls nicht länger zuerst von dorther, sondern betrachte bestimmte Phasen oder Ereignisse meines Lebens als Markierungen meines Lebens, weiß aber, dass vor allem als Leben an sich entscheidend ist, so sehr bestimmte Erlebnisse, Erfahrungen, Begegnungen mir lieb und teuer sind und ich sie nicht missen möchte. Es ist aber das Leben an sich, worauf es ankommt, und dieses Leben bedarf keines Warums, es lebt aus sich selbst, und es hängt von mir ab, ob ich mich von dieser Dynamik mitnehmen lasse oder mich ihr in den Weg stelle, was ohnehin nichts bringt, weil es sich nicht bremsen, schon gar nicht rückgängig machen lässt. Das bezieht sich auch auf Gott. Wenn ich Gott auf solche unbestimmte Art suche, erfasse ich ihn, wie er ist ... er ist das Leben selbst.

Gott, du bist das Leben selbst,
Wenn ich dich auf unbestimmte Art suche,
Erfasse ich dich, wie du bist.
Du bist das Leben selbst.

Da fällt alles ab,
Womit ich das Leben,

Womit ich dich,
Beschwert, belastet, ausstaffiert habe.

Da bleibt nur noch das blanke Sein,
Leben pur,
Das aus sich selbst herausquillt und fließt.

Das Leben, das
Du, mein Gott,
selbst bist,
DU,
mein Gott,
selbst bist.

(AUS MEINEM TAGEBUCH)

Darin besteht die Chance, vielleicht auch das Neue, in der neuen Lebensphase: noch mehr als bisher aus dieser Einstellung heraus zu leben. Mein Leben aus sich heraus leben lassen, damit aber auch Gott aus sich heraus leben, sich entfalten, in meinem Leben Wirklichkeit werden kann. Da kommt eine neue Qualität in mein Leben. Da lasse ich mehr zu in meinem Leben. Da rüste ich innerlich und äußerlich ab, damit in mir und an mir geschehen kann, was geschehen soll. Da ist alles in mir geöffnet, bereit, mich durchwirken, bereichern, inspirieren zu lassen vom Leben selbst, das zugleich Gott ist.

Was ich Ihnen an die Hand geben möchte:

Manchmal kann man es schon gar nicht mehr hören, ständig dazu aufgefordert zu werden, im Augenblick zu leben. Das hält mich aber nicht davon ab, es dennoch zu tun. Ich bin in den letzten Jahren so vielen Menschen begegnet, die körperlich und seelisch krank geworden sind, weil sie genau das nicht getan haben. Die Möglichkeit, die sich mit dem Ruhestand anbietet, endlich nicht mehr von Terminen bestimmt zu werden, nicht länger am eigentlichen Leben vorbeizuhetzen, sollten wir unbedingt nutzen, da dadurch unser Leben eine ganz neue Qualität erhält. Es kann schon damit beginnen, dass wir uns zehn Minuten Zeit gönnen, einen Baum zu betrachten, auf einer Bank zu sitzen und einfach nur da zu sein. Unsere Seele dankt es uns, wenn sie nicht länger hinter uns herlaufen muss, sondern wenn sie da sein kann, wo wir gerade sind. Dann ist sie auch mitbeteiligt an dem, was wir gerade tun und erleben. Dadurch aber wird das, was wir tun, beseelt: die Begegnung mit einem Freund, das schöne Essen, das wir genießen, die musikalische Aufführung, der wir beiwohnen, die intime Begegnung mit einem Menschen, den wir lieben. Auch sollten wir uns die Möglichkeiten, die wir jetzt haben, um mit unserem inneren Kind wieder mehr in Berührung zu kommen, nicht nehmen lassen und dem Verlangen des Kindes in uns nicht länger widerstehen, wenn es uns dazu drängt, wieder einmal etwas Verrücktes zu machen, das uns Freude und Lust bereitet.

8. Lebe dein Leben

Manchmal stelle ich mir vor, dass ich mich auf einem Floß befinde und mich von dem Fluss davontragen lasse. Dabei entzieht sich das Recollectio-Haus immer mehr meinem Blick, bis ich es nicht mehr sehen, vielleicht gerade noch erahnen kann, wo es liegen mag. Die leichte Wehmut, die mich dabei ergreift, weicht sehr schnell dem Gefühl von Erleichterung. Ich spüre die Erleichterung, nicht länger die Verantwortung für einen Betrieb haben zu müssen, dafür sorgen zu müssen, dass alles gut läuft, die Mitarbeiter zufrieden sind, die Gäste gut versorgt sind, die Beziehungen zur Abtei stimmen, die finanziellen Angelegenheiten keinen Anlass zur Sorge geben. Vor allem aber erlebe ich es als befreiend, regelrecht zu spüren, wie Schutzvorrichtungen von mir wegfallen, mit denen ich mich in den vergangenen Berufsjahren umgeben habe. Sie schützten mich vor möglichen Angriffen, sie schützten mich vielleicht auch vor mir selbst. Sie engten mich aber auch ein, pressten mich in ein bestimmtes Korsett, gaben mir vor, wie ich mich als Leiter des Recollectio-Hauses, als ein Mann der Kirche, zu verhalten habe. Sie verhinderten aber manchmal auch, dass ich ganz zu mir stand, ganz ich selbst war. Jetzt im Ruhestand habe ich die Chance, mehr, bewusster, radikaler den Weg zu gehen, der mich noch mich selbst sein lässt. *Diesen Weg will ich jetzt konsequent gehen. Ruhig. Ohne zu überziehen, ohne heroisch zu sein oder zu glauben, heroisch sein zu müssen. Aber ich will und werde diesen Weg gehen. Ganz.*

(Aus meinem Tagebuch)

Was leben will, leben lassen

Georges I. Gurdjieff (in: Ouspensky 1949, 240), ein griechisch-armenischer Esoteriker, Schriftsteller, Choreograf und Komponist, dessen Werk ich erst spät begegnet bin, spricht davon, dass wir uns wie unangezogen vorkommen, wenn wir nicht mehr die üblichen Rollen spielen. Wir frieren, fühlen uns beschämt und möchten am liebsten davonlaufen. Die Gefahr kann bestehen, wenn wir in den Ruhestand gehen und die bisherigen Rollen, die wir gespielt haben, wegfallen. In dieser Situation sollten wir uns fragen und uns Klarheit darüber verschaffen, was wir wollen. Suchen wir ein ruhiges Leben, oder wollen wir an uns selbst arbeiten?

Sind wir auf ein ruhiges Leben aus, dürfen wir uns nicht von dem bisher gängigen Raster entfernen, das unser Leben bestimmte. In diesem gewohnten Raster fühlen wir uns aufgehoben und zufrieden. Oder wollen wir an uns selbst arbeiten und die neue Freiheit und Unabhängigkeit, die wir mit dem Ruhestand erreicht haben, dafür nutzen, mehr wir selbst zu werden?

Im Laufe unseres Lebens haben wir uns eine Maske angelegt, C. G. Jung spricht von *persona*, die wir, den Schauspielern in der Antike vergleichbar, vor uns hertragen. Es ist die Person, die sich aus unseren eigenen Erwartungen und den Erwartungen unserer Umwelt zusammensetzt. Dabei wird so manches, was unseren eigenen Erwartungen und den Erwartungen unserer Außenwelt nicht entspricht, in die Rumpelkammer, den sogenannten Schatten, gestellt. So wichtig die Herausbildung der *persona* ist, wollen wir unseren Platz im Leben, in der Gesellschaft, im Kontext der Kultur, in der wir leben, finden, so wichtig ist es aber auch, darauf zu schauen, dass dabei nicht Entscheidendes, Wesentliches von dem, was uns ausmacht, was zu unserer Persönlichkeit gehört, verloren geht.

Manchmal müssen wir, wenn der Anpassungsprozess an unsere eigenen äußeren Erwartungen zu einseitig und radikal ausgefallen ist, nachsteuern, also einiges wieder aus dem Schatten hervorholen und in unser Leben integrieren, um mit unserem Leben zufrieden sein zu können. Das kann immer wieder im Verlauf unseres Lebens anstehen. Der Ruhestand bietet sich dafür aber in besonderer Weise an, bisher nicht gelebtes und nicht zugelassenes Leben endlich zuzulassen. Jetzt müssen wir nicht länger so viel Rücksicht nehmen auf die Umstände, die Gepflogenheiten und Erwartungen der Einrichtungen und Menschen, von denen wir beruflich abhängig waren. Wir können endlich Seiten von uns, die wir gestutzt, die wir in den Schatten gestellt haben, weil sie uns unerwünscht waren, uns mitunter zum Schaden gereicht hätten, endlich zulassen und leben. Wünsche, deren Verwirklichung wir zurückgehalten haben oder uns nur im Verborgenen erfüllten, können wir jetzt ganz bewusst umsetzen und offen ausleben. Jetzt haben wir die Möglichkeit, „die Lebensschale bis zum Überfließen zu füllen und bis zum Grunde zu leeren" (Riedel 2015, 156) und nichts mehr auszuschließen, was leben will, was ausgelebt werden will.

Für mich betrifft das auch die neue Freiheit, die sich daraus ergibt, nicht länger kirchlicher Angestellter zu sein. Als kirchlicher Angestellter war ich wirtschaftlich betrachtet stets abhängig von meinem Arbeitgeber. Ich konnte dadurch vieles verwirklichen, was ich ohne ihn nicht hätte verwirklichen können. Diese Tatsache hat aber natürlich auch dazu beigetragen, dass ich mir sehr gut überlegte, was von mir her aufgrund meiner Loyalität gegenüber meinem Arbeitgeber an Zurückhaltung geboten ist. Ich bin vor einiger Zeit einem Kollegen begegnet, der schon seit fast zehn Jahren in Rente ist und mir gegenüber meinte, er hätte nicht gedacht, wie befreiend es ist, nicht länger von der Kirche abhängig zu sein. Ihm sei bewusst geworden, dass er doch sehr viel von dem, was ihm wichtig war, zurückgehalten hat mit Rücksicht auf seine Kirche. Er genieße es, nicht länger darauf Rücksicht nehmen zu müssen, sondern in großer Freiheit und Offenheit das sagen, das tun zu können, das leben zu können, was für ihn wesentlich ist. Das hat mich sehr nachdenklich gemacht. Ich habe immer wieder für mich Formen gefunden, das, was mir wichtig ist, zu äußern, auch weil ich wusste: Ich kann nur dann in der Kirche aufrecht gehen, wenn ich das, was aus meiner Sicht nicht stimmt, benenne und mich dafür einsetze, was aus meiner Sicht stimmt. Zugleich mache ich mir aber nichts darüber vor, dass ich immer auch um die Grenzen wusste, die mir gesetzt sind, wollte ich mich nicht selbst ins Abseits bringen.

Eine Gratwanderung

Das ist immer auch eine Gratwanderung gewesen. Die neue Lebenssituation, die mit dem Ruhestand eingetreten ist, verlangt natürlich auch weiterhin Loyalität, sie verlangt Respekt gegenüber dem, was mir bisher wichtig war, und doch ermöglicht sie mir eine größere Freiheit als bisher, noch deutlicher zu fordern, was ich für wesentlich und erstrebenswert halte. Ich kann nun – ohne auf meine Rücksichtnahme auf andere zu verzichten – ohne Vorbehalte das sagen, was ich für richtig halte. Ich brauche mich nicht mehr so sehr zurückzuhalten. Es kann mir niemand mehr ein Rede- oder Schreibverbot erteilen.

Da gibt es keinen Bischof mehr, der meint, mir sagen zu müssen, was ich zu denken oder zu schreiben habe. Das erlebe ich schon als etwas Befreiendes, und von dieser neuen Freiheit will ich auch in der neuen Lebensphase Gebrauch machen.

Als ich im Freundeskreis erzählte, dass mir meine neue Lebenssituation die Möglichkeit gebe, offener als bisher über das zu sprechen, wo ich mich bisher noch zurückgehalten habe, meinte einer meiner Freunde, ich müsse hier aber gut aufpassen, um nicht unglaubwürdig zu werden. Er meinte damit, dass man mir vorwerfen könnte, mich früher nicht getraut zu haben, ehrlich zu sein, ganz nach dem Motto: Jetzt, wo er nichts mehr zu befürchten hat, traut er sich auf einmal, Dinge zu kritisieren. Auch meinte er, ich könne möglicherweise das, was ich erreicht habe, beschädigen, wenn ich mich zu kritisch äußere. Ich kann diese Befürchtungen nicht teilen, weil ich immer schon mal mehr, mal weniger deutlich vorgebracht habe, was ich dachte. Außerdem hängt die Wirkung von Kritik auch von dem Respekt ab, mit dem man diese vorbringt. An diesem Respekt vor der Kirche werde ich nie Zweifel aufkommen lassen, sodass ich mich von diesen Vorbehalten frei machen kann.

Es macht schon einen großen Unterschied, ob man bei dem, was man sagt, auf der Hut sein muss. Mir wurde das in aller Klarheit vor Augen geführt, als ich kurz vor meinem Abschied im Recollectio-Haus ein langes Fernsehinterview für die Sendung Horizonte mit Meinhard Schmitt-Degenhart vom Hessischen Rundfunk führte. Ich nahm mir ganz bewusst vor, mehr als bisher wirklich zu sagen, was ich denke, keine Angst mehr davor zu haben, ob das diesem oder jenem Bischof behagt. Ich spürte, wie ich viel entspannter und freier sein konnte. Auch merkte ich an den Rückmeldungen, dass ich mich klarer, direkter und souveräner als bisher äußerte.

Seitdem ich im Ruhestand bin, spüre ich jedenfalls, wie eine Last von mir fällt, die mir bisher in diesem Ausmaß nicht so bewusst war, so sehr hatte ich mich wohl schon an sie gewöhnt. Die Spannungen, die sich aus dem kirchlichen Kontext meiner Arbeit im Recollectio-Haus ergaben, haben mir wohl mehr zugesetzt, als ich mir eingestand. Da war tief in mir fast bis zum Schluss eine ständige Angst oder zumindest Befürchtung präsent, dass irgendwelche Bischöfe oder Rom irgendetwas von dem, was wir hier machen, beanstanden könnten. In meiner Abschlussrede anlässlich meiner Verabschiedung vom Recollectio-Haus im Rahmen eines Symposiums mit dem Thema *Wenn ich schwach bin, bin ich stark,* ging ich auf diese Spannungen ein:

> „Wenn ich schwach bin, bin ich stark. Das gilt auch für meinen Weg, den ich in diesen 25 Jahren und darüber hinaus mit der Kirche gegangen bin. Ich kann immer noch, wenn auch leiser und zurückhaltender als zu Beginn meiner Tätigkeit im kirchlichen Dienst und im Recollectio-Haus, von meiner Kirche sprechen. Wie schwach fühlte ich mich da oft?! Lebhaft ist mir in Erinnerung der Moment, als mir, ich stand damals im Dienst der Erzdiözese Freiburg, mein Chef Dr. Joseph Sauer mitteilte, der damalige Präfekt der Glaubenskongregation Kardinal Ratzinger habe dem Freiburger Erzbischof Oskar mitgeteilt, dass einige Aussagen meiner Doktorarbeit über Homosexualität sich im Konflikt befinden würden mit der Lehre der Kirche und ich dazu Stellung beziehen müsse. Ich spürte seine Angst und die des Erzbischofs und natürlich meine eigene, wusste ich doch, dass ich meine Stelle verlieren würde, würde ich nicht kooperieren – was ich auch tat, ohne allerdings meine Seele dabei zu verraten. Denn gerade auch aus dieser Erfahrung von Schwachheit ist mir mit den Jahren immer mehr auch eine Stärke erwachsen, die es mir möglich machte, meinen Mund aufzumachen, zu benennen, was mir an der Kirche nicht gefällt, ins Wort zu bringen, was ich sehe, was ich von ihr erwarte, was ich mir wünsche und erträume. Das gilt auch für die Zeit meiner Tätigkeit im Re-

collectio-Haus, in der ich es auch als meine Aufgabe sah, auf strukturelle Missstände aufmerksam zu machen. Man denke etwa an den Klerikalismus, dessen verheerende Auswirkungen uns spätestens der Missbrauchsskandal vor Augen geführt hat.

Ich möchte auch nicht verschweigen, dass bis zum Schluss, zumindest bis zu dem Zeitpunkt, als das Pontifikat von Papst Franziskus begann, sich bei mir ein komisches Bauchgefühl einstellte, wenn ich einen Anruf vom damaligen Abt Fidelis oder jetzigen Abt Michael bekam und sie nicht zu mir ins Recollectio-Haus kamen, sondern mich baten, dass wir uns in einem der Sprechzimmer im Kloster treffen. Ich wusste dann: Jetzt liegt wieder eine Beschwerde aus Rom oder vom Bischof aus Würzburg vor. Sie sind mir immer auf Augenhöhe begegnet. Und dennoch bedurfte es auf meiner Seite immer auch einer Kraftanstrengung, den Gang hinüber ins Kloster nicht als Demütigung, sondern als einen Akt von Demut zu begreifen, die ich meiner loyalen Haltung gegenüber der Abtei schulde. Eine loyale Haltung, die für mich in all den Jahren unantastbar und heilig war. Es wurde mir dabei klar: Es erfordert Mut, zu mir zu stehen, und es erfordert Mut, mich dafür zu entscheiden, Teil von etwas zu sein, zum Beispiel Teil der Kirche, Teil des Projektes Recollectio-Haus, das von mir verlangt, Abstriche zu machen, und zwar auch von mir, von dem, was aus meiner Sicht richtig ist, um etwas Gemeinsames, von dem ich ein Teil sein will, zu ermöglichen. Beides ist notwendig, und beides verlangt seinen Preis: den Mut, zu mir zu stehen, und den Mut, mich dazu zu entscheiden, Teil von etwas anderem zu sein."

Neue Herausforderungen

Es ist ein gutes Gefühl, nicht länger den Spagat aushalten zu müssen, der Stimme meines Herzens und dem, was seitens der Kirche oder meines Arbeitgebers von mir erwartet wird oder erwartet werden darf, gerecht werden zu müssen. Als mich kurz nach meiner Verabschiedung Christine Jeske von der Main-Post um eine Stellungnahme zu Äußerungen des Würzburger Bischofs bat, musste ich nicht lange überlegen, sondern sagte ihr einfach, was ich von diesen Äußerungen hielt. Der Bischof hatte sich in einer Predigt anlässlich der Wiedereinweihung der Würzburger Kiliansgruft, die mit Schmierereien versehen worden war, die sich auf Missbrauchsvorwürfe bezogen, geäußert. Ich fand die Worte des Bischofs über die Missbrauchsvorwürfe und über das Verhalten der Presse unangebracht, sein Verhalten fand ich unklug und unsensibel.

Schneller als ich vermutet hatte, befand ich mich in einer Situation, in der ich aufgerufen war, das, was ich wirklich dachte, zu äußern, auch wenn ich dabei den Würzburger Bischof kritisieren musste. In meiner Abschlussrede bei meiner Verabschiedung hatte ich unter anderem gesagt:

„Ich könnte es gut verstehen, wenn bei aller Wertschätzung, die man mir gegenüber hat und die ich in den vergangenen Jahren immer wieder erfahren habe, der eine oder andere aufatmet, in Zukunft weniger Wunibald Müller ertragen zu müssen. Als der damalige Chef der Glaubenskongregation Kardinal Joseph Ratzinger in einem Brief an den Freiburger Erzbischof Oskar Saier einige kritische Fragen zu meinem Buch Intimität vortrug, konnte man regelrecht die Erleichterung des Erzbischofs spüren – so wurde mir berichtet –, dass der Erzbischof Kardinal Ratzinger mitteilen konnte: Wunibald Müller ist nicht mehr im Dienst der Kirche von Freiburg. Wer allerdings glaubt, mich endlich loszuhaben – und die gibt es in manchen Kreisen unserer Kirche –, der freut sich vielleicht zu früh. Denn solange ich in der Kirche bleibe, und ich habe das vor, werde ich meinen Beitrag dazu leisten, dass ich weiterhin von meiner Kirche sprechen kann. Ja, ich werde, meine größere Freiheit und Unabhängigkeit nutzend, in Zukunft das sogar noch klarer und deutlicher tun – bei aller Grundloyalität, die bleibt."

Diese Ansage in meiner Abschiedsrede musste jetzt ihren ersten Test bestehen. Ich fand deutliche Worte. Früher hätte ich damit rechnen müssen, dass der Bischof sich beim Abt über mich beschwert und dieser mich anschließend zu sich bittet, um die Beschwerde des Bischofs an mich weiterzugeben, was früher durchaus vorgekommen ist. Das halte ich mir heute zugute, sagt es doch, dass ich auch in der Vergangenheit nicht einfach den Mund gehalten habe, wenngleich ich auch zurückhaltender war mit Rücksicht auf meine Tätigkeit.

Alles wegmachen, was uns entstellt hat

Es ist ein schönes Gefühl zu wissen, dass mir seitens der kirchlichen Hierarchie niemand mehr etwas anhaben kann, keiner mehr Macht über mich hat. Es ist ein schönes Gefühl, diese neue Freiheit, die sich ergibt, wenn man nicht länger im kirchlichen Dienst ist, spüren und erfahren zu können. Das ist die wahre Freiheit des Christenmenschen, nach der ich mich so sehr in den vergangenen Jahren gesehnt hatte. Ich kann die Kolleginnen und Kollegen, die darunter leiden, sich diesen Luxus der wahren Freiheit des Christenmenschen nicht leisten zu können, gut verstehen. Es ist traurig, feststellen zu müssen, wie viel Angst, Unterdrückung, Ungelebtes, Resignierendes damit einhergeht, wenn wir diese Freiheit nicht wahrnehmen und leben können.

Doch das gilt ja nicht nur für den kirchlichen Bereich. Wie viele Schutzvorrichtungen haben wir doch wie Kleider angelegt, um den gesellschaftlichen und beruflichen Gegebenheiten gerecht zu werden! Je mehr wir uns mit einer Organisation oder Gruppe identifizieren, desto mehr geben wir eigene Standpunkte oder Überzeugungen preis. Der Ruhestand macht es möglich, noch einmal genauer hinzuschauen, was wir möglicherweise zu viel von uns preisgegeben oder nicht zugelassen haben: mit Rücksicht auf den Arbeitgeber, das Projekt, dem wir uns verschrieben haben, oder die gesellschaftlichen Erwartungen, denen wir entsprechen mussten, um dazuzugehören, akzeptiert und gefördert zu werden. Manches davon wird auch jetzt für uns Gültigkeit behalten, weil wir weiterhin Teil eines bestimmten Systems sind. Doch wir können uns mehr Freiheiten erlauben.

Wenn wir jetzt im Ruhestand näher hinschauen, wie sehr die Loyalität, die Verpflichtungen einer Gruppe oder Organisation gegenüber, von der wir beruflich abhängig waren, uns immer weiter weggebracht haben von unseren Überzeugungen, wir uns selbst gegenüber untreu geworden sind, haben wir spätestens jetzt die Möglichkeit, Korrekturen vorzunehmen. Dabei können auch äußere Dinge eine Rolle spielen. Der eine, der als kirchlicher Mitarbeiter in einer Beziehung lebte, ohne verheiratet zu sein, kann jetzt auch nach außen hin klar zu seiner Beziehung stehen, ohne Angst haben zu müssen, seinen Job zu verlieren. Ein führender Angestellter, der seine Vorbehalte gegenüber bestimmten Projekten seiner Firma nicht thematisieren, Entscheidungen, die er für falsch erachtete, nicht kritisieren durfte oder sich einfach nicht traute, das zu tun, kann das jetzt endlich nachholen.

Unser Leben voll-enden

Der Blick auf den Ruhestand kann aus der Perspektive des Endes von etwas gesehen werden, das über viele Jahre, ja, Jahrzehnte mein Leben stark bestimmt hat und das jetzt zu Ende geht. Er kann aber auch aus der Sicht der Voll-endung vollzogen werden. Etwas, was bisher noch nicht zum Zuge gekommen ist, aber wesentlich zu mir gehört, hat jetzt endlich die Gelegenheit, voll-endet zu werden. Daran musste ich denken, als mir gestern ein Lehrer begegnete und er im Wissen darum, dass ich bald in Rente gehe, er aber noch einige Jahre vor sich hat, bevor es bei ihm so weit ist, meinte: „Neid, Neid." Er wollte mir damit sicher sagen: Du hast es endlich hinter dir, ich muss mich die nächsten Jahre noch in der Schule abquälen.

Die neue Perspektive der Voll-endung bringt eine neue Dynamik in mein Denken. Durch sie richte ich den Blick nach vorne. Ich öffne mich für das, was mir bevorsteht, weite meinen Blick und treibe mich an. Das ist die eine Seite, der ich nachgehen will und die verspricht, spannend zu werden. Diese Perspektive sprengt auch meine Vorstellung, die dahin tendiert, mein Leben vor allem vom beruflichen Aspekt her zu sehen. Sie lenkt meine Aufmerksamkeit auf mein Leben selbst, das wesentlich mehr ist als mein Beruf. Ich komme in Berührung mit dem, was mich im Wesentlichen und Tiefsten ausmacht, meinem Kerndasein, das unabhängig von meinem Beruf weiterexistiert. Zu diesem Kerndasein gehört für mich auch meine Bestimmung, das, was mich im Letzten ausmacht, meinem Leben einen Sinn gibt, im Tiefsten und Letzten das, was ich untrüglich als das Meine bezeichnen kann.

Dem noch näher zu kommen und dadurch einen Beitrag zu meiner Voll-endung leisten zu können, dazu habe ich jetzt die Chance. Ein Kollege von mir kam nach reiflicher Überlegung zu der Erkenntnis, dass das für ihn bedeutet, weiterhin das zu tun, was er bisher schon getan hat. Also setzte er sich mit seinem Arbeitgeber in Verbindung und handelte mit ihm aus, für weitere Jahre an der gleichen Stelle seine Verantwortung wahrzunehmen. Das kann auch eine Lösung sein, die für ihn zu seiner Voll-endung beiträgt. Meine wäre und ist es nicht.

Lass kommen, was kommen will
Just let it be and become
Die letzte Runde beginnt
Geh mit ihr
Lass dich beschenken von dem
Was sie dir schenken will
Voll-ende, was voll-endet werden will
Voll-ende
Voll(es) Ende
(AUS MEINEM TAGEBUCH)

Jetzt geht es auch darum, mich der Frage zu stellen, ob ich wirklich mein Leben gelebt habe, das Leben, von dem ich im Tiefsten überzeugt bin, dass es das Leben ist, das mir, soweit ich mich kenne, zugedacht ist, ja, das ich eigentlich auch selbst leben will. Jetzt ist es an der Zeit, hier gegebenenfalls nachzubessern. Wie das aussehen kann, beschreibt Plotin (1878, 42–53):

„Ziehe dich in dich selbst zurück und schaue, und wenn du dich selbst noch nicht als schön erblickst, so nimm, wie der Bildhauer, der an dem, was schön werden soll, bald hier, bald da etwas wegnimmt und abschleift, bald hier glättet, bald dort säubert, bis er an seinem Bild ein schönes Antlitz zustande bringt, mache auch du alles das weg, was überflüssig ist, mache das Krumme wieder gerade, reinige das Dunkle und lass es hell werden, kurz: Höre nicht auf zu zimmern an deinem Bilde, bis an dir der göttliche Glanz der Tugend hervorleuchtet, bis du die Besonnenheit erblickst, die auf heiligem Grunde wandelt. Wenn du das geworden bist und dich selbst siehst und rein mit dir selbst verkehrst, ohne dass dich weiter etwas hindert, so selbsteinig zu werden, ohne dass du in deinem Innern eine weitere Beimischung zu deinem Selbst hast, sondern ganz du selbst bist ..."

Die notwendigen Korrekturen, die dazu beitragen sollen, dass wir noch mehr wir selber werden, werden bei dem einen weniger gravierend ausfallen, bei einer anderen eine große Veränderung benötigen. Solange sie uns dahin bringen, noch mehr wir selbst zu sein, werden sie uns auf dem Weg unserer Selbstverwirklichung weiterbringen und sich entsprechend positiv auf unsere Lebenszufriedenheit auswirken.

Existenzielle Schuld

Es gibt ja auch so etwas wie eine existenzielle Schuld, wenn ich nicht das lebe, was ich eigentlich leben könnte oder sollte. Wie oft bin ich schon Menschen begegnet, die nicht bereit oder nicht in der Lage waren, ihr Leben zu verändern, weil sie Angst vor den Konsequenzen hatten: wenn sie zum Beispiel den Partner verlassen und dieser ihnen das Leben zur Hölle macht, und wenn sie dann vielleicht keinen anderen Partner finden; oder wenn sie im Betrieb den Mund nicht aufmachen, um auf ungerechte Situationen aufmerksam zu machen, und mit einer Wut im Bauch sich in ihr Schicksal ergeben, statt sich zu wehren oder sich einen anderen Job zu suchen. Wer kann sie nicht verstehen? Doch der Preis, den sie dafür zahlen, sind letztlich unbefriedigende Kompromisse: eine mittelmäßige Ehe, ein mittelmäßiges Priesterdasein oder eine mittelmäßige Lebenseinstellung. Statt sich auf die eigenen Füße zu stellen, ihr Leben selbst in die Hand zu nehmen, bleiben sie in ihrer scheinbaren Hilflosigkeit hängen.

Sehr anschaulich beschreibt das die folgende Geschichte: „Ein Mann sitzt im Bummelzug. Bei jeder Station steckt er den Kopf zum Fenster hinaus, liest den Ortsnamen und stöhnt. Nach einigen Stationen fragt ihn sein Gegenüber besorgt: „Tut Ihnen etwas weh? Was ist los?" Da antwortet der Mann: „Eigentlich müsste ich aussteigen. Ich fahre dauernd in die falsche Richtung. Aber hier drin ist es so schön warm" (Jung 2004, 107). So lange wie nur möglich möchten wir in der Komfortzone bleiben, die uns anscheinend vor dem Schmerz bewahrt. Wir bilden uns ein, dass die Komfortzone unserem Leben Sicherheit gibt, in Wirklichkeit schränkt sie unser Leben ein und lässt uns hinter unseren Möglichkeiten zurückbleiben.

Der Ruhestand macht es uns möglich, hier nachzusteuern, Kompromisse, auf die wir uns eingelassen haben, zu hinterfragen, Entscheidungen, die wir aufgeschoben haben, jetzt zu treffen. Dann bedauern wir nicht nur, was wir unterlassen haben, sondern kehren um, korrigieren, was sich als falsch erwiesen hat. Das macht uns freier. Es reinigt uns. Zum einen können wir ausmisten, was nicht wirklich zu uns gehört, was uns mit der Zeit gestunken hat. Es reinigt aber auch unser Inneres, unsere Gefühle, indem wir nicht länger frustriert und deprimiert über unsere Situation sind, es entgiftet uns, indem Ärger, Zynismus, Sarkasmus und Hass aus uns weichen.

Jetzt können Zufriedenheit, Gelassenheit und Humor bei uns einziehen. Wir erleben uns wieder mehr als stimmig. Wir spüren, dass wir der Kapitän, die Kapitänin unseres Lebens sind. Damit einher geht ein Gefühl von innerer Stärke und Souveränität. Endlich sind wir bei der Unabhängigkeit angekommen, die wir in den vergangenen Jahren so sehr vermisst haben. Das ist ein wunderbares Gefühl, das uns zufrieden und glücklich macht. Wir beginnen, langsam zu erkennen, dass es an uns und nicht in erster Linie an den anderen liegt, ob wir zufrieden und glücklich sind. Wir erwarten von den anderen nicht länger, dass sie uns glücklich machen. Das aber verändert auch unseren Blick auf sie, „missbraucht" sie nicht länger, um uns zufriedenzustellen. Das ermöglicht eine neue Form der Begegnung, die die anderen und uns bereichert (vgl. Arrien 2007, 110f.).

Wir können endlich ohne angezogene Bremse leben. Wir können uns noch einmal neu dem Leben überlassen, vorbehaltlos oder zumindest mit weniger Vorbehalt uns ins Leben hineinwerfen. Mutig. Voller Vertrauen und Zuversicht. Mit einem Schuss Humor.

Durchs Leben tänzeln

Meinen Verwandten, Freunden und Bekannten hatte ich zum Weihnachtsfest und Jahreswechsel folgenden Text geschickt:

„Wenn ich an das bevorstehende neue Jahr denke und welche Wünsche ich für mich und andere damit verbinde, fällt mir der Clown ein. Er ist einer, der nicht durch das Leben hetzt, weil er keine Angst hat, etwas zu versäumen. Er tänzelt durch das Leben, hält zwischendurch inne, schaut nach links und nach rechts. Er ist einer, der sich und alles, was um ihn herum geschieht, nicht so wichtig nimmt, vor allem aber die, die sich so wichtig nehmen, nicht so wichtig nimmt. Er kann über die, die sich zu wichtig nehmen, herzhaft lachen, vor allem aber auch über sich selbst, wenn er sich zu wichtig nimmt. Er erwartet von seiner Umgebung nicht wie die Akrobaten Bewunderung und Staunen. Er wird beschenkt mit einem Lächeln ob seiner Tollpatschigkeit und seines linkischen Verhaltens. Er lebt im Augenblick, kostet den Moment aus und erfährt somit die Fülle des Lebens, die uns nicht durch die tausend Möglichkeiten, die wir haben, beschert wird, sondern wenn es uns gelingt, immer wieder im Augenblick zu leben, sodass der Augenblick zum Sakrament, zu einem heiligen Geschehen wird – und das inmitten einer Welt, die aus allen Fugen zu geraten droht."

Ich hatte diesen Text auch mit Blick auf mich und den Übergang verfasst, sehe ich doch in diesem Clown mich selbst, wie ich etwas verunsichert, mal vorsichtig tastend, dann wieder fast tanzend mich bewegend diese Übergangszeit durchschreite. Ich halte inne, schaue neugierig nach links und nach rechts, nach oben und nach unten. Spreche die Leute einfach an. Frage sie, wie sie ihren Ruhestand angegangen sind, nehme begierig auf, was andere mir ungefragt dazu zu sagen haben.

Als mich mein Freund Andreas in der Silvesternacht fragte, was mir denn einfiele, wenn ich daran denke, noch einmal auch etwas ganz Neues zu tun, fiel mir zunächst nichts ein, und auch jetzt weiß ich es noch nicht. Der Clown regt mich dazu an, durchs Leben zu schlendern, in Zukunft, wenn ich nicht länger unter dem Diktat des „Du musst" stehe, mir Zeit zu lassen, nicht länger so zielgerichtet vorzugehen, sondern, ohne jetzt im negativen Sinne zum Schlendrian zu werden, vom Schlendrian zu lernen, nicht mehr alles so wichtig, vor allem aber mich selbst nicht mehr so wichtig zu nehmen.

Meine Freundin Ruth schrieb zu dem Clowntext: „Ich spüre, wie du Befreiung ersehnst von vielen vermeintlichen Wichtigkeiten. Das Lächeln, das er hervorruft, genügt. Jedoch: Er ist kein Privatier. Zum Lachen muss er sein Publikum schon bringen. Er tritt im Zirkus auf, sein Chef ist der Zirkusdirektor. Nun führt natürlich der Vergleich Zirkus/Kirche und Zirkusdirektor/Papst weiter: Du bist ab April von deiner Manege befreit." Da hat sie recht, und zum einen freut es mich, zum anderen bedauere ich es auch.

Doch vielleicht kann ich mit meiner neu gewonnenen „Redefreiheit" auf eine konstruktive Weise dazu beitragen, dass die Kirche sich auf ihren eigentlichen Auftrag besinnt: für die

Menschen von heute, für uns Heimat zu sein, ein Ort, der Hoffnung schenkt für das jetzige und das ewige Leben.

Der Mystiker Thomas Merton fordert uns zum mystischen Tanz auf, indem er uns dazu einlädt, für einen Moment uns selbst zu vergessen und unsere ernste Feierlichkeit abzulegen und uns dem Tanz des Lebens zu überlassen. Darin entdecke ich den Clown, der mitten im Leben steht, aber das Leben nicht so tierisch ernst nimmt. Nur wenige können es sich in unserer Gesellschaft leisten, ihre ernste Feierlichkeit abzulegen, die vorgegebenen Raster hinter sich zu lassen und den Clown zu spielen. Vieles ist festgelegt. Da bleibt kein Spielraum, auch noch den Clown zu machen. Da fehlt die Zeit zum Schlendern, sich wie im Tanz hin und her zu bewegen. Es ist schon viel, wenn wir uns in unserer inneren Haltung von dem Clownhaften anstecken lassen. Dann bewahren wir uns bei aller äußeren vorgegebenen Einschränkung etwas von unserer inneren Freiheit.

Ich bin zumindest dabei, eine Ahnung davon zu bekommen, wie sich das anfühlt. Bei mir hat das eine starke spirituelle Dimension. Es ist eine Haltung, bei der ich keine Angst mehr verspüre vor dem, was kommen mag. Ich gehe einfach meinen Weg, bin für jeden Tag dankbar. Ich bin aber auch bereit zu gehen, wenn meine Zeit gekommen ist. Ich kann auf ein reiches, ja, sattes Leben zurückschauen. Ich lebe gerne und kann mir gut vorstellen, noch zwanzig Jahre zu leben. Ich würde es als ein wunderbares Geschenk betrachten, würde mir eine solche Zeit, hoffentlich bei körperlicher und geistiger Gesundheit, geschenkt.

Ich gelange in diese Haltung, wenn ich mich im Einvernehmen befinde mit Gott. Wobei Einvernehmen vielleicht nicht der richtige Ausdruck dafür ist, was ich meine. Es ist mehr. Es ist ein Gefühl von Einssein mit Gott. Wenn ich dieses Gefühl habe, macht es keinen großen Unterschied, ob ich noch lebe oder nicht mehr unter den Lebenden weile. Ist es doch das Gefühl, das ich haben werde, wenn ich tot bin. Davon bin ich jedenfalls überzeugt (siehe Psalm 73). Jetzt hat keine Angst mehr Macht über mich, was auch immer kommen mag.

Was ich Ihnen an die Hand geben möchte:

Ich bin davon überzeugt, dass jeder und jede von uns eine Bestimmung hat. Das, was Romano Guardini „Passwort" nennt, das jedem von uns mitgegeben wird. Wenn wir diese Bestimmung in unserem Beruf umsetzen können, ist das ein großes Geschenk. Oft können wir das aber nicht oder nur zum Teil. Im Ruhestand haben wir die Möglichkeit, das eine oder andere, das wir bisher nicht haben leben können, endlich leben zu können. Dabei kann es helfen, hinzuspüren und sich zu fragen: Was habe ich immer schon gerne machen wollen? Was hat mich angezogen, das ich mich bisher aber nie getraut habe zu tun?

Wer will, kann auch die berühmte Löffelliste erstellen, auf der er alles auflistet, was er noch gerne erleben möchte. Das kann auch dazu beitragen, das eigene Leben zu leben. Dabei geht es mehr um unser äußeres Leben. Nicht weniger wichtig ist aber, die mit dem Ruhestand gegebene Möglichkeit, noch mehr als bisher entsprechend meinen Überzeugungen zu leben, zu nutzen. Hier dürften jedem, der darüber nachdenkt, unzählige Beispiele einfallen, wo er aus gesellschaftlichen, kirchlichen, betriebsbedingten Rücksichten nicht wirklich entsprechend seinen Vorstellungen und Überzeugungen gelebt hat, um dann, seine neue Freiheit nutzend, jetzt mehr entsprechend seinen Überzeugungen und damit mehr sein eigenes Leben zu leben. Ich möchte Mut machen, diese Chance zu nutzen und damit sich selbst gegenüber ehrlicher und gerechter zu werden.

Unsere Seele wird es uns lohnen, indem sie uns eine größere Lebenszufriedenheit und mehr Lust am Leben beschert.

9. Gehe den Weg nach innen und lasse los

Der Weg nach innen.
Eigentlich habe ich ihn noch nicht begonnen.
Es ist ein schwerer Weg.
Ich darf mir da nichts vormachen.
Ich bin noch sehr weit davon entfernt.
Doch es ist mein Weg.
Mein Weg geht nach innen.
Ich will ihm immer noch ausweichen.
Was verständlich ist.
Doch habe keine Angst!

(AUS MEINEM TAGEBUCH)

Uns unserer inneren Welt zuwenden

Den Ruhestand dazu zu nutzen, unser Leben zu vollenden, abzurunden, trägt dazu bei, unser Leben zu bereichern, und wir sollten die Chancen, die sich hier ergeben, auch wahrnehmen. Das darf und muss aber nicht dazu führen, zu vergessen, dass der Wechsel vom Steigen zum Sinken, das unerbittlich um zwölf Uhr mittags beginnt (vgl. Riedel 2015, 141f.) – spätestens mit dem Ruhestand und eigentlich schon eine Weile vorher –, von uns ein Umdenken und eine Umkehrung aller Werte und Ideale des Morgens und des Mittags erfordert.

Dieser Wechsel vom Steigen zum Sinken geht einher mit dem Wechsel von außen nach innen. Nachdem wir uns bisher mehr mit der äußeren Welt befasst haben, geht es jetzt darum, uns mehr unserer inneren Welt zuzuwenden. Dabei verlieren die äußeren Werte wie Erfolg, Anerkennung, materieller Reichtum usw. an Bedeutung und ermöglichen uns dadurch einen freieren Blick auf innere Werte wie Weisheit, Gelassenheit, Demut, denen wir bisher vielleicht zu wenig oder zumindest weniger Aufmerksamkeit geschenkt haben, die jetzt aber von uns als glühende Kohlen unter grauer Asche entdeckt werden. Ging es bisher vorwiegend darum, unser äußeres Leben zu gestalten, aktiv zu werden, unseren Platz in der Gesellschaft zu finden, einen Beruf zu ergreifen und dann auch auszuüben, Dinge in den Griff zu bekommen und zu kontrollieren, so sind wir jetzt dazu eingeladen, loszulassen und uns beschenken zu lassen.

Ich spüre deutlich: Ich muss über den äußeren Übergang hinaus den inneren Übergang antreten, der mir als weit schwieriger zu bewältigen erscheint. Darauf will mich die Dame in Schwarz aufmerksam machen. Ich werde mich aber erst dann mit meiner neuen Lebenssituation arrangieren können, Zufriedenheit erfahren, wenn ich diesen Übergang schaffe, wenn ich tatsächlich in diese innere Bewegung komme, bei der ich es nicht nur sagen kann, sondern es dann auch tue. Wer sich einmal dem Schicksal überlassen hat, der ist befreit. So weit bin ich aber offensichtlich noch nicht. Etwas in mir sträubt sich dagegen. Dabei weiß ich: Nur wenn ich dahin komme, bin ich wirklich befreit, kann ich ohne Angst leben, kann ich mich voll und ganz ins Leben werfen – was ich will.

(AUS MEINEM TAGEBUCH)

Unser Ego, das verantwortlich ist für unser äußeres Leben und das wir auch weiterhin benötigen, da wir ja auch im Ruhestand Teil der äußeren Welt sind und uns dort behaupten müssen, muss mehr als bisher die Führung unseres Lebens mit unserem Selbst teilen. Unser Selbst aber weiß mehr von uns als unser Ich oder Ego. Zu ihm gehören auch unser Innerstes, unsere Tiefenschichten, die Welt des Unbewussten, die wir mit der übrigen Menschheit teilen. Diesen Schichten und dieser Welt sollten wir uns jetzt mehr öffnen, um unser Leben von ihnen bereichern zu lassen. Jetzt ist es an der Zeit, diesen Schatz für uns zu bergen.

Manche vollziehen diesen Prozess ganz bewusst, andere sträuben sich dagegen oder sehen sich nicht in der Lage, sich auf diesen Prozess einzulassen, so sehr sind sie in Beschlag genommen durch äußere Beschäftigungen. Die äußere Zäsur, die mit dem Ruhestand gesetzt wird, sollten wir als Erinnerung, manchmal auch als Mahnung verstehen, diese Wende nach innen bewusst mit zu vollziehen und damit die Seelenarbeit zu unterstützen.

Mir ist ganz klar: Will ich zufrieden, ja, glücklich in meinem letzten Lebensabschnitt sein, wird mir das nur gelingen, wenn ich es schaffe, immer mehr nach innen zu gehen. Wenn ich immer mehr eintauche in jene Welt, die C. G. Jung die Welt des Ewigen und Numinosen nennt. Es ist die Welt, in der wir mit dem ganz Anderen, dem Heiligen, in Berührung kommen und dabei verwandelt werden. Hier machen wir die Erfahrung, jetzt schon mitten im Leben an das Grenzenlose angeschlossen zu sein. Diese Hinwendung nach innen ist nicht nur jetzt notwendig, sie ist und war es schon vorher. Jetzt muss sie zielgerichteter, vielleicht auch radikaler erfolgen. Auch ist jetzt die Zeit angebrochen, in der ich mich immer mehr im Inneren aufhalte, der Pflege meines Innenraums mehr Aufmerksamkeit und Zeit schenke. Vom Kopf her weiß ich das, und eigentlich will ich es auch. Dennoch fällt es mir schwer. Heißt das doch, mich immer mehr vom Äußeren, der äußeren Welt, der Welt der Person Nr. 2 zurückziehen zu müssen. Dieser Welt weniger Aufmerksamkeit zu schenken. Es heißt auch, weniger Wert darauf zu legen, die Aufmerksamkeit der Welt für mich zu erhalten, und vereinfacht gesagt, mich weniger wichtig zu nehmen, weniger wichtig zu sein für die anderen, weniger gefragt zu sein.

(AUS MEINEM TAGEBUCH)

Ein mühevoller Weg

Bis wir so weit sind, diese Wendung nach innen zu vollziehen, müssen wir einen mühevollen Weg gehen, dessen Herausforderung wir besonders spüren, wenn wir uns von äußeren Dingen, die uns bisher kostbar waren und die für uns mit Sinnerfüllung verbunden waren, verabschieden müssen. Wir müssen und dürfen uns auch Zeit lassen, uns mit kleinen Schritten begnügen, solange sie nur in die richtige Richtung gehen. Gehen sie in die falsche Richtung, geht die Welt auch nicht unter, und wir ändern die Richtung, wenn wir merken, dass wir uns etwas vorgemacht haben und eine Kurskorrektur nötig ist.

Teresa von Avila, die lange vor C. G. Jung diesen Weg nach innen, hinein in die „Seelenburg", wie sie es nennt, beschreibt, wusste, dass das gar nicht so leicht ist. Denn wir sind so sehr „in das Weltliche verflochten" und mussten es auch sein, um uns ein bürgerliches Leben aufzubauen, um in unserer Gesellschaft bestehen zu können, dass es eine Weile dauert, bis wir sehen, dass dies nicht länger der Weg ist, der uns zum Burgtor führt. Sie traut uns aber zu, dass wir schließlich mit der Zeit mit ganz unterschiedlichem Tempo den Weg nach innen gehen (vgl. Lorenz 1999, 174f.).

Dieser Weg wird begleitet sein von einem ständigen Kampf zwischen der inneren Welt und der äußeren Welt. Das Ego lässt sich nicht so leicht entthronen, es wehrt sich dagegen. Für das Ego bedeutet es zumindest zunächst eine Niederlage, sich die Führung mit der inneren Welt zu teilen, ihr vielleicht sogar den Vorrang zu überlassen. Da können wir nicht alles einfach über das Knie brechen. Vielmehr sollten wir dabei achtsam und behutsam vorgehen und uns von Menschen, die über Erfahrungen verfügen, wie man mit solchen Situationen umgehen kann, begleiten lassen.

Ich sitze in meinem Zimmer, spüre die Erschöpfung der vergangenen Tage. Ich habe mich in den letzten Tagen verausgabt, manchmal von morgens um 8.00 bis abends fast ohne Unterbrechung Gespräche geführt, Besucher empfangen, Interviews gegeben, Gruppen begleitet. Manchmal, so mein Eindruck, will ich es wohl einfach noch einmal wissen, ob ich das alles noch leisten, ob ich so viel stemmen kann. Vielleicht aber ist es auch ein Anrennen gegen die Zeit, in der ich nicht mehr oder weniger gefragt bin, in der niemand oder nur noch wenige meinen Rat suchen, in der es keinen Bischof oder wen auch immer gibt, der mich besuchen möchte, in der das Fernsehen, der Rundfunk, die Zeitungen kein Interesse daran haben, was ich zu irgendwelchen kirchlichen Themen zu sagen habe. So will ich die Zeit vielleicht auch einfach nutzen, die mir noch bleibt, durch das, was ich für wichtig erachte, Spuren zu hinterlassen.

(AUS MEINEM TAGEBUCH)

Ja, es ist ein schönes Gefühl, gefragt zu sein, offensichtlich etwas zu sagen zu haben, gehört zu werden, zu registrieren, dass meine Meinung, meine Einstellung – zumindest für manche – von Bedeutung sind. Ich muss an das Gespräch mit einem Journalisten einer großen Zeitung denken, der die Möglichkeit hatte, eine verantwortliche Position in einer kleineren Zeitung zu übernehmen. Als ich ihm sagte, er habe doch inzwischen einen Namen bei der großen Zeitung und ob ihm das nichts ausmachen würde, das zu verlieren, wenn er zu einer kleineren Zeitung gehe, meinte er – und ich denke, er hat Recht –, dass es Wichtigeres gäbe.

Vom Kopf her weiß ich das. Auch weiß ich, dass einen bestimmten Namen zu haben, vielleicht gar bekannt oder berühmt zu sein, nicht mehr als Schall und Rauch ist. Doch es hat auch etwas Verführerisches und Faszinierendes an sich. Auch ist es nie so ganz wirklich auszumachen, was echtes Engagement, Einsatz für wichtige Belange ist und was schlicht Narzissmus ist und das Bemühen, sich in den Mittelpunkt zu stellen. Es ist sicher wichtig, hier gut hinzuschauen, aber auch nicht zu streng mit sich selbst zu sein. Eine gute Portion Narzissmus und Ego ist auch wichtig, um etwas zu erreichen. Selbst Mutter Teresa brauchte eine gehörige Portion Ego, um erreichen zu können, was sie erreichte. Für mich selbst war und ist es immer auch eine Herausforderung und eine Bereicherung meines Lebens, ja, auch Faszinierendes, vor einer Kamera zu stehen oder die Atmosphäre eines Fernsehstudios mitzuerleben. Oder ich denke an das prickelnde Gefühl, das Lampenfieber, das sich in einem ausbreitet, wenn man weiß: Jetzt wirst du vor der laufenden Kamera gefragt und du musst etwas Vernünftiges sagen.

Wenn ich von einer großen Zeitung interviewt worden bin, finde ich es aufregend, mir vorzustellen, wer das liest und was ich mit meinen Worten vielleicht – wenn es sicher auch nur wenig ist – bewirken mag. Dann kommt der Augenblick, wenn ich die Zeitung aufschlage, das Interview mit mir entdecke und die Freude, vielleicht auch den Stolz darüber zulasse. Ich finde es dann auch unehrlich, so zu tun, als bedeute das einem eigentlich nichts. Da halte ich es mit Friedrich Nietzsche, der einmal sagte: Wer sich selbst erniedrigt, will erhöht werden. Es wäre also unehrlich, seine Medienpräsenz herunterzuspielen.

Für mich hat die Vorstellung von einem Leben, das sich im Untergehen der Sonne vollendet, etwas Befreiendes und Tröstendes an sich. Die Vorstellung ermutigt mich, nicht länger zu zögern und ohne langes Überlegen bei diesem Prozess mitzumachen, also mitzuziehen, nicht länger an etwas festzuhalten, was ich nicht festhalten kann. Versuche ich festzuhalten, was nicht mehr ist, entgeht mir, was jetzt noch oder überhaupt erst möglich ist. Ich laufe dann ständig dem eigentlichen Prozess hinterher, komme dabei außer Atem, statt mich von ihm mitnehmen, mittragen zu lassen.

Lasse los

Das aber verlangt, auch wenn man es fast nicht mehr hören kann, loszulassen. Ich denke an so manche Personen, unter ihnen Politiker und Bischöfe, die das nicht schaffen. Sie kleben an ihrem Amt. Sie sagen nach außen hin: Ich opfere mich dafür auf, ich tue meine Pflicht. Wehe aber, wenn man ihnen ihr Opfer nimmt, sie entpflichtet. Sie verpassen ihre Chance, loszulassen, indem sie sich immer noch durch ihre ehemalige Funktion definieren.

Ich bin davon überzeugt, dass alles, was ich bekommen werde, wenn ich loslasse, nicht weniger wertvoll, sinnvoll, bereichernd für mich sein wird. Ich darf und will daher auch den Augenblick nicht verpassen, die notwendige Wende nach innen einzuleiten. Denn, davon bin ich überzeugt, halte ich weiterhin fest an dem, was mir bisher Erfüllung bescherte, wird mir das mit der Zeit nicht mehr die Erfüllung schenken, die es mir einst schenkte. Ich enthalte mir damit die Erfüllung vor, mit der ich rechnen darf, wenn ich den Weg nach innen wage. Während ich das schreibe, merke ich, wie weit weg ich noch davon bin. Ich spüre Kräfte in mir, die sich dagegen wehren, ich höre Stimmen in mir, die mir einflüstern: Du hast noch Zeit, es ist noch nicht so weit. Ich spüre, dass ich mich mitten im Prozess befinde, dass ein inneres Ringen stattfindet, mir aber nichts anderes übrigbleibt, als mich dem Rhythmus zu überlassen, der mich immer mehr vom Äußeren zum Inneren führt.

Das aber bringt mich in Schwung. Ich schwinge mit, ja, ich tanze das Leben, ohne angestrengt darüber nachzudenken, wie ich den nächsten Tanzschritt setzen muss. Ich überlasse mich dem Rhythmus des Lebens, dem Prozess der untergehenden Sonne, dem Rhythmus, der mir von IHM vorgegeben ist, und halte mich dabei an die Anregung von Madeleine Delbrêl, die schreibt:

Schwerelos sein,
Und vor allem: man darf sich nicht versteifen.
Man soll dir keine Erklärungen abverlangen,
Über die Schritte, die du zu tun beliebst,
Sondern ganz mit dir eins sein – und lebendig pulsierend
Einschwingen in den Takt des Orchesters,
den du auf uns überträgst ...
Frohe Menschen sein, die ihr Leben mit dir tanzen ...
Ich glaube, Herr, du hast von den Leuten genug,
Die ständig davon reden, dir zu dienen –
mit der Miene von Feldwebeln,
Dich zu kennen – mit dem Gehabe von Professoren,
Zu dir zu gelangen nach den Regeln des Sports ...
Wir vergessen so oft die Musik deines Geistes.
Wir haben aus unserem Leben eine Turnübung gemacht.
Wir vergessen, dass es in deinen Armen getanzt sein will ...

> Gib, dass wir unser Dasein leben
> Nicht wie ein Schachspiel, bei dem alles berechnet ist,
> Nicht wie einen Wettkampf, bei dem alles schwierig ist,
> Nicht wie einen Lehrsatz, bei dem wir uns den
> Kopf zerbrechen,
> Sondern wie ein Fest ohne Ende,
> bei dem man dir immer wieder begegnet,
> Wie ein Ball,
> Wie ein Tanz,
> In den Armen deiner Gnade ...

Während ich diesen Gedanken nachgehe, blättere ich in einem Buch, das mir unser Sohn Thomas geschenkt hat. Es handelt sich dabei um ausgewählte Texte von Jiddu Krishnamurti (1988, 160f.), einem spirituellen Lehrer und Philosophen, über den Henry Miller sagte: „Nach Jahren der Mühe und Suche fand ich Gold." So erging es mir auch, als ich beim Lesen an folgende Stelle kam:

> *„Können Sie die Bindung an Ihren Namen, an Ihr Mobiliar, an Ihre Frau, an Ihren Mann, an Ihren Garten, an Ihre Ideen und Vorurteile auflösen? Können Sie jegliche Bindung während des Lebens auflösen? Das wird geschehen, wenn Sie wirklich sterben. Deshalb tun Sie es jetzt und erkennen Sie, was es auf sich hat. Dieses Ende ist gewaltig. Keine Bindung an irgendetwas – das ist Freiheit. Und wo diese Freiheit ist, birgt der Tod keine Angst, weil Sie bereits mit dem Tod leben. Die beiden – das Leben und das Sterben – gehören zusammen. Verstehen Sie, welche Schönheit darin liegt – in dieser Art vollkommener Freiheit von aller Angst?"*

Ich kann diese Schönheit zumindest erahnen.

Gehe zu deinem Grunde

Vor wenigen Tagen traf ich einen Psychologen und Autor, der sich sehr viel mit dem Loslassen und der Erfahrung des Zugrundegehens beschäftigt hat. Er war auf mich durch die Lektüre eines Buches aufmerksam geworden, in dem ich meine Erfahrungen des Zugrundegehens beschrieben habe. Damals war ich in eine tiefe Krise geraten, bei der ich mich von vielem, was mir bisher in meinem Leben wichtig gewesen war, verabschieden musste. Es ging zugrunde. *Ich* ging zugrunde, schaute tiefer, um schließlich mehr als je zuvor zu meinem eigenen Grunde vorzustoßen. Nach dieser Erfahrung fühlte ich mich gegen alle schwierigen Situationen gefeit. Es ging mir so, als wäre ich schon einmal gestorben: Was auch immer noch geschehen möge, es könne mir nichts anhaben. Ganz so gefeit bin ich inzwischen jedoch nicht mehr. Ich wünschte mir, es wäre noch so.

Jetzt, wo der Ruhestand eingetreten ist, muss ich feststellen, dass ich noch tiefer fallen muss, um wirklich zu meinem Grund zu gelangen. Die neue Situation macht mir deutlich, dass ich mir zum Teil etwas vorgemacht habe, als ich glaubte, schon auf meinen eigentlichen Grund gelangt zu sein. Auch kann es sein, dass ich schon einmal tiefer in mir angelangt war und dachte: Bin ich einmal dort eingetroffen, bleibt das so. Offensichtlich verhält es sich nicht so. Ich habe mich vermutlich mit der Zeit, als ich mich wieder wohl und fit fühlte, wieder mehr auf den äußeren Grund verlassen und der Person Nr. 1 mehr Bedeutung zugemessen. Das „rächt" sich jetzt. Ich muss mich wieder aufmachen und loslassen, woran ich mich in den letzten Jahren wieder festgehalten habe. Ich sehe das auch als eine Chance, die ich allerdings auch nutzen muss.

Die Erfahrungen von damals helfen mir, mich darauf einzulassen, weiß ich doch, dass ich irgendwann am Grund ankomme, und es ist ja auch nicht so, als wäre ich ganz davon weggekommen, die Erfahrung, die ich damals machte, mir ganz entschwunden. Doch bei der Auseinandersetzung mit meiner Endlichkeit war ich schon einmal weiter. Die Vorstellung, dass alles irgendwann ein Ende hat, war für mich leichter auszuhalten. Sie hatte nicht diese angstmachende Komponente, die ich jetzt wieder verstärkt bei mir feststelle. Angst spielte am Ende dieser Erfahrung des Zugrundegehens, wie ich sie für mich bezeichnet habe, kaum eine Rolle mehr. Ich fand mich gut beschrieben in dem, was der Franziskaner Richard Rohr von Menschen berichtete, die so lebten, als wären sie schon einmal gestorben, und denen daher der Tod keine Angst mehr einjagte.

Vielleicht ist jetzt der Augenblick gekommen, den Weg des Zugrundegehens fortzusetzen. Mich von so manchem zu verabschieden, an dem ich hänge, mich festhalte, was bei genauerem Hinschauen sich als unrealistisch, illusorisch und als überlebt erweist. Ich muss an Platon denken, der schreibt, dass wir alle ins Leben hineingefeuert wurden, ausgestattet mit der verrückten Vorstellung und Erwartung, in unserem Leben die große Liebe zu erfahren, unsterblich zu sein und Gott zu sehen. Diese letztlich unerfüllbare Sehnsucht lässt uns unheilbar ruhelos bleiben. Das hat ja auch etwas Gutes an sich, und ich will mich ja auch nicht vom Leben abmelden. Und doch will ich dem nicht länger nachjagen oder mich davon treiben lassen. Ich will mich noch mehr als bisher einfach dem Rhythmus des Lebens überlassen, mir die Freiheit nehmen – und das war es, an das mich der erwähnte Psychologe bei seinem Besuch wieder erinnerte –, mich in Freiheit dem Schicksal, und das heißt für mich auch Gott, überlassen. Das aber, so meinte er, ist die größte Freiheit, die wir haben.

Und dann stoße ich auf ein Gebet von Br. David Steindl-Rast (2016, 323), das mich zutiefst anspricht:

„Du, von dem wir kommen und zu dem wir gehen, beständige Liebe. Du gibst uns Zeit für Wandel und Wachsen in

dieser Zeit des großen Wandels in meinem Leben. Bitte gib mir den Mut, mich zu wandeln und zu wachsen, und Heiterkeit inmitten wachsenden Schmerzes. Lass mich immer tiefere Wurzeln schlagen in die Liebe, lass mich voll Vertrauen sein ohne festzuhalten und lass mich voll Vertrauen bleiben beim Loslassen."

Es ist wie beim Selbst, das mehr ist, als mir bewusst ist, und das, je älter ich werde, immer mehr Einfluss auf mich nehmen soll und darf, mich mit dem Gold, das es in sich birgt, beschenken darf, um mein Leben als alternder Mensch in das Gold der Abendsonne einzutauchen. Alles, was ich tue, wird umspült vom Gold des Selbst. Mag auch mein äußeres Leben abnehmen, weniger aktiv und dem Anschein nach weniger aufregend sein, so mag ich das Leben nun intensiver, bewusster, inniger erfahren, einen Sonnenuntergang in einer Innigkeit und Tiefe erleben, wie es mir vorher nie möglich war. Denn auch wenn die Sonne – um das Bild von C. G. Jung von der sinkenden Sonne, die den Lebensabend einläutet, aufzugreifen – an strahlender Hitze verliert, beginnt sie umso intensiver von innen her zu leuchten. Das heißt für mich nicht, mich vom äußeren Geschehen abzukehren. Es heißt für mich, weiterhin am äußeren Geschehen teilzunehmen und teilzuhaben, ja mitunter sogar bewusster als vorher, zugleich aber meiner Innenperson mehr als bisher meine Aufmerksamkeit zu schenken, auch um von innen heraus mein äußeres Leben noch mehr als bisher zu bereichern.

Das sollte uns beflügeln, nicht stehen zu bleiben, uns nicht zur Ruhe zu setzen, sondern weiterzugehen auf dem Weg, bei dem wir Leben loslassen, zugleich aber auch Leben ausschöpfen, wie es Ingrid Riedel sagt. Der Tisch des Lebens ist weiterhin für uns gedeckt, die Speisen und Getränke, die uns darauf angeboten werden, sind vielleicht andere, aber sie schmecken nicht weniger gut als die Speisen und Getränke, die wir vorher zu uns genommen haben. Oder, um es noch einmal anders auszudrücken: Die Speisen, die uns vorher genährt und gestärkt haben, vermögen uns nicht länger zu nähren. Wir brauchen etwas anderes. Wir brauchen mehr Seelenspeise, Speisen und Getränke, die den Hunger des inneren Menschen zu sättigen, seinen Durst zu stillen vermögen.

„Wir tragen die Wunder in uns, die wir außen suchen"

Das ist auch die Zeit, in der wir den Blick dafür schärfen, bei uns zu entdecken, was wir – manchmal auch vergeblich –, außerhalb von uns gesucht haben. Das geschieht, wenn wir uns nach innen wenden, in unsere Tiefe schauen, uns selbst besuchen und uns gerne und immer häufiger dort aufhalten. Wir müssen nicht mehr so oft am Abend ausgehen, haben nicht mehr so sehr wie früher das Bedürfnis, viele Freunde und Bekannte zu treffen. „Ich lege keinen großen Wert darauf, bei diesen und jenen Feierlichkeiten eingeladen zu werden, brauche das auch nicht mehr, um mich gesehen und weiterhin als wichtig zu erachten", sagt ein Arzt, der in den Ruhestand gegangen ist. Er will sich jetzt mehr Zeit nehmen, um endlich jeden Tag eine halbe Stunde zu meditieren, am Morgen seinen Träumen mehr Aufmerksamkeit zu schenken, endlich Bücher zu lesen, die nichts mit Medizin zu tun haben.

„Wir tragen die Wunder in uns, die wir außen suchen", schreibt Thomas Browne (in: Cook 1997, 183). Das erinnert mich an jene Geschichte, in der es um einen Mann geht, der ewig lange unterwegs ist, um einen Schatz zu entdecken, nur um schließlich festzustellen, dass dieser Schatz auf seinem eigenen Grundstück verborgen war. Jetzt wird es spannend und mühsam. Wir müssen uns daranmachen, uns selbst zu entdecken, um dann dabei das Wunder in uns selbst zu finden.

Die Wunder in uns zu entdecken heißt für mich in dieser Lebensphase aber auch, das, was in mir an Wunder steckt, endlich zuzulassen, zur Entfaltung zu bringen. Eigenschaften und Fähigkeiten, die ich vielleicht außerhalb von mir gesucht, die ich bei anderen bewundert habe, in mir und bei mir selbst zum Zuge kommen zu lassen. Für mich heißt das zum Beispiel, noch mehr zu meiner Souveränität zu stehen. Mich nicht länger in dem, was ich denke, was ich sage, von dem ich überzeugt bin und wie ich mich verhalte, von anderen abhängig zu machen.

Einmal geht es darum, das, was ich äußerlich erlebe, noch tiefer als bisher in mich einwirken zu lassen, es von innen her zu erleben. Das kann dann auch zur Folge haben, dass ich gar nicht mehr so viel wie bisher im Außen erleben muss, da ich, was ich erlebe, intensiver erlebe. Auch kann ich das, was ich so tief erlebt habe, dass ich ihm in meiner Tiefe einen Platz einräume, immer wieder besuchen. Das kommt einem Museumsbesuch gleich, bei dem die von mir gemachten Erfahrungen die Ausstellungsstücke bilden: Diese ganz persönlichen Exponate kann ich aufsuchen und mich dabei herzhaft an diese Momente erinnern. Dabei erlebe ich sie so, als wenn ich sie jetzt erleben würde.

So ist es auch im Ruhestand wichtig, immer wieder in das bunte Leben einzutauchen, Teil des Lebens und Treibens zu werden und dabei die Schönheit, die vielen kleinen Wunder auf sich wirken zu lassen. Denn das Leben findet nach wie vor auch draußen, außerhalb von uns statt. In all der Vielfalt, mit all der Sinnlichkeit und Leidenschaft, die Leben ausmachen kann. Es findet statt in unseren Begegnungen, in unserer Arbeit, im Kampf und in der Entspannung. Es bedarf dazu unseres Leibes, der Erde, der Schöpfung, der Sonne, des Wassers, der Nahrung. Das alles gehört zum Leben. Ebenso die Lust, die Wonne, die Schönheit, Berührung, Erregung, Liebe. Man könnte endlos fortfahren und weiter aufzeigen, was noch alles zum Leben gehört.

Dem kann und will ich mich nicht entziehen, aber ich will es nicht dabei belassen. Jetzt will und kann ich öfter und intensiver in meine Tiefe eintauchen und das, was ich außen erlebt habe, nach innen kehren, sodass es nicht länger nur etwas im Außen Erlebtes bleibt, sondern von innen her Erlebtes.

Es geht aber nicht nur darum, was ich im Außen erlebe zu verinnerlichen. Es geht auch darum, in mir zu entdecken, was ich außen gesehen und erfahren habe, vielleicht auch das, was ich vergeblich im Außen gesucht habe. So weiß ich und habe es am eigenen Leib und in der eigenen Seele gespürt, wie sich das anfühlt, unsterblich verliebt zu sein. Ich kenne die Erfahrung, ganz eingenommen zu sein vom Wunder eines Sonnenaufgangs. Ich kenne Momente, in denen ich in der Erfahrung des Tremendum et Fascinosum vom Heiligen berührt werde. Ich kenne die Erfahrung der sexuellen Ekstase, in der ich für einen Augenblick den Himmel geöffnet sehe, die Erde als schwankend erlebe. Das alles ist wunder-bar. Einzigartig. Aber es ist nicht alles.

Jetzt müssen wir tiefer graben, überhaupt mehr den Blick nach innen richten, um auch, unabhängig vom Außen, den dort liegenden Schatz zu entdecken. „Der Herr möge uns den Weg weisen und uns Kraft verleihen, dass wir graben können, bis wir den verborgenen Schatz finden! Er liegt wirklich und wahrhaftig in uns selbst", schreibt Teresa von Avila in der Seelenburg (5/1/2). Es geht darum, in die Welt des Grenzenlosen einzutauchen, von der C. G. Jung (1990) schreibt, dass der, der in diese Welt eintritt, verwandelt wird. Von der Anschauung des Ganzen überwältigt und ihrer selbst vergessend, kann sie sich nur noch wundern und bewundern. Hier lebt ‚die Andere', die Gott als ein heimliches, persönliches und zugleich überpersönliches Geheimnis kennt. Hier trennt nichts den Menschen von Gott. Ja, es ist, wie wenn der menschliche Geist zugleich mit Gott auf die Schöpfung blickt. Ich kann über diese Welt stundenlang reden und philosophieren. Das ist es dann aber auch schon. Oder ich kann in diese Welt eintauchen und sie als meine Welt erfahren, ihrer Einmaligkeit, Schönheit und Erhabenheit teilhaft werden.

Was ich Ihnen an die Hand geben möchte:

Nach meiner Erfahrung ist es spätestens ab dem mittleren Lebensalter gut und wichtig, unserer Innenwelt unsere Aufmerksamkeit zu schenken. Das kann geschehen durch Traumarbeit, Fantasiereisen, geführtes Zeichnen, Meditation und jede andere Form von innerer Einkehr. In bestimmten Phasen unseres Lebens oder bei einschneidenden Erlebnissen wird es oft nicht ausbleiben, dass wir mit unsrer inneren Person in Berührung kommen. Je älter wir werden, desto mehr sollten wir den Blick nach innen pflegen, um schließlich mehr von innen heraus beziehungsweise ein intensiveres Innenleben zu leben. Der Ruhestand ist eine gute Zeit dafür, dem mehr als bisher unsere Aufmerksamkeit zu schenken, also auch öfter als bisher uns selbst zu besuchen, bei uns einzukehren, unserer selbst innezuwerden. Das kann auch heißen, es einmal auszuhalten, alleine bei sich zu verweilen, ohne es als eine unangenehm erlebte Einsamkeit zu erleben. Das erfordert, so manches loszulassen, was jetzt nicht mehr dran oder aber auch einfach nicht mehr möglich ist. Wir müssen uns dabei nicht überfordern, sollten aber auch nicht zu schnell aufgeben, wenn es uns schwerfällt. Wenn es uns gelingt, werden wir, davon bin ich überzeugt, beschenkt mit der Erfahrung, dass wir das Wunder, das wir außen suchen, in uns selbst entdecken dürfen.

10. Stelle dich deiner Endlichkeit

Seitdem ich vom Tod Hermanns weiß, denke ich fast nur noch an ihn. Ich spüre eine große Traurigkeit, sehe ihn vor mir, wie er lacht, wie er betet, wie er etwas erklärt. In meinen Schmerz über seinen Tod mischt sich aber auch dieses Gefühl von „Jetzt wird es ernst", von Endgültigkeit. Dabei denke ich nicht länger nur an Hermann, sondern auch an mich. Auch wenn es mich – noch – nicht getroffen hat, kann es auch mich jeden Augenblick treffen. Sein Tod erinnert mich aber nicht nur an meine Endlichkeit, er wirkt sich auch auf meinen augenblicklichen Prozess des Abschieds von dem, was über eine lange Zeit meine Welt ausgemacht hat, aus. Er lässt mich, so kommt es mir jedenfalls vor, den Schmerz darüber, den ich vielleicht doch nicht so ganz in seiner Schärfe zulasse, deutlicher spüren. Ja, es ist auch ein Sterben, das mit dem Abschiednehmen einhergeht. Ich verliere auch etwas, äußerlich und vermutlich auch innerlich. Ich trete ab von der Bühne, auf der ich bisher „spielte". Da darf ich mir nichts vormachen.

(Aus meinem Tagebuch)

Wenn der Tod uns nahe rückt

Mir gefällt der Ausspruch von Arthur Schopenhauer: „Zuerst werden wir dazu verführt, uns in das Leben zu verlieben. Und dann, wenn wir uns selbst mit uns befreundet haben, folgt das Todesurteil." So ist es, und das macht es verständlich, dass wir uns in der Regel so schwer tun mit der Vorstellung, irgendwann gehen zu müssen. Bei manchen habe ich den Eindruck, dass sich im fortgeschrittenen Alter der Lebenstrieb meldet, um den Blick auf die Endlichkeit oder auf den Prozess des Niedergangs der Lebenssonne zu stoppen. So erkläre ich mir auch die unsterbliche Liebe, die der 72-jährige Johann Wolfgang von Goethe gegenüber der siebzehnjährigen Ulrike von Levetzow empfand. In diesem leidenschaftlichen Zustand schrieb er seine Marienbader Elegie, ein Klagelied, in dem er seine unerfüllte Sehnsucht – seine Liebe wurde nicht erwidert – verarbeitete. Darin heißt es:

> Nun bin ich fern! Der jetzigen Minute,
> Was ziemt denn der? Ich wüsst es nicht zu sagen;
> Sie bietet mir zum Schönen manches Gute,
> Das lastet nur, ich muss mich ihm entschlagen.
> Mich treibt umher ein unbezwinglich Sehnen,
> Da bleibt kein Rat als grenzenlose Tränen.

Es ist wie ein Aufbäumen all der Kräfte in uns, die einfach das Leben in seiner Fülle auskosten wollen, die noch nicht bereit sind, um es in den Worten von C. G. Jung zu sagen, sich der Enge der Umarmung des Körpers zu entziehen, um die Seele in die Vision der ungeheuren Größe der Welt der Ewigkeit zu entlassen.

Vor Kurzem traf ich einen früheren Professor von mir, der inzwischen 81 Jahre alt ist. Er meinte: „Ich habe mich eigentlich nie darum gekümmert, wie alt ich bin, bis ich 80 wurde.

Da aber hat es mich richtig erwischt. Da ist mir plötzlich bewusst geworden, dass es jetzt nicht mehr lange geht." Ich sagte ihm daraufhin, dass es mir da anders geht, dass mich die Frage der Endlichkeit schon lange, besonders aber auch gerade mit Beginn des Ruhestandes stark beschäftigt.

Ein Traum.

Ich befinde mich in einem Zimmer. Dorthin hat man mich gebracht, weil ich in dieser Nacht sterben soll. Davor halte ich mich in einem Frauenkloster auf. Ich sage bei meinem Abschied zu den Schwestern, die sich, vor sich hin arbeitend, in einem Hof befinden: „Ihr könnt mich beneiden, ich werde euch vorausgehen." Sie lächeln, nicken, schwingen mit.

Ich befinde mich in dem Zimmer, warte auf den Tod. Da höre ich, wie jemand auf dem Gang vor meinem Zimmer sich meinem Zimmer nähert. Mir ist bewusst, oh Gott, ich muss jetzt ja wirklich sterben. Es wird mir ganz anders. Bisher war ich davon ausgegangen, dass das stattfinden wird, doch es war noch nicht wirklich in mich gefahren. Es ist keine Panik da, aber ein tiefes Bewusstsein von: Es ist ernst gemeint. Es ist jetzt wirklich so. Du wirst sterben.

Da taucht eine Schwester auf und sagt zu mir, dass sie noch jemand in mein Zimmer verlegt, der auch sterben wird. Ich zögere, will nicht, dass er zu mir ins Zimmer kommt. Ich will alleine sein.

Es ist so ein Gefühl von, ja, von was? Es ist nicht wirklich schrecklich. Aber es ist mit einem Gefühl verbunden, das ich nicht wirklich beschreiben kann, weil ich es bisher nicht kannte. Nein, Angst ist es nicht. Es ist ein Gefühl von, ich kann es nur noch einmal sagen: Jetzt wird es ernst. Es ist vorbei. Wirklich vorbei. Mein Ende steht unmittelbar bevor.

Ich muss an Andrew denken, der todkrank irgendwann sein Atemgerät abschaltete und wusste, dass er damit seinen Tod einleitete. Kurz zuvor hatte er den Termin um einige Tage verschoben, weil er das: „Jetzt wird es ernst, Schluss aus" etwas verschieben wollte?

Das Gefühl von „Jetzt wird es ernst" wirkt nach. Es ist ein Hauch von Schmerz da, aber wirklich nur ein Hauch, denn der Schmerz geht nicht tiefer und es ist ein Gefühl von, dass es auf alle Fälle auszuhalten ist, schon auch Betroffenheit, vor allem aber ein Gefühl von Endgültigkeit. Was jetzt geschieht, ist endgültig. Ich wehre mich nicht, lehne mich nicht dagegen auf. Ich ergebe mich aber auch nicht einfach dem, was ist. Ich freue mich nicht. Und immer wieder: Jetzt wird es ernst. Ich werde wirklich sterben. Es ist zu Ende. Finis, aus. Das war's.

(AUS MEINEM TAGEBUCH)

Als ich einige Wochen später meine Niederschrift dieses Traumes wieder lese – es sind gerade zwei Tage her, seit ich erfahren habe, dass Hermann Steinert, den ich seit vielen Jahren kenne, mit 57 Jahren bei einem Bibelkreis einfach tot umgefallen ist –, merke ich, wie dieser Traum die innere Stimmung wiedergibt, in der ich mich augenblicklich befinde. Ich kann es noch nicht fassen, dass Hermann tot, so jäh aus dem Leben herausgerissen worden ist. Als ich das letzte Mal mit ihm Kontakt hatte, teilte er mir mit, dass er noch nicht richtig Fuß gefasst hat in der Pfarrei, in der er seit einem Jahr als Pfarrer tätig ist. Ich hatte ihm noch mitgeteilt, dass Ise und ich ihm demnächst an einem Sonntag besuchen würden. Jetzt ist er tot. Es ist zu Ende. Finis, aus. Das war's.

Ich will den Tod von Hermann und meine Trauer darüber nicht für irgendetwas missbrauchen oder instrumentalisieren. Ich will meine Trauer über seinen Tod einfach zulassen. Ich will aber in meiner Trauer über seinen Tod auch meine Trauer über meinen Abschied zulassen, auch weil mich diese Trauer mit Hermann verbindet, sie mich ihm nahe sein lässt und weil er mir damit hilft, meine Trauer über meinen Abschied zuzulassen. Damit erweist mir Hermann durchaus einen Dienst.

Immer wieder muss ich an die Worte meiner Freundin Conni denken, die mir sagt, dass in Übergangszeiten, vornehmlich in der Übergangszeit, die in die letzte Lebensphase mündet, Fragen der Endlichkeit auftauchen, denen man sich stellen sollte. Mir ist klar, dass für mich der Herbst langsam zu Ende geht und der Winter sich schon ankündigt. Mir hilft hier wie gesagt das Bild von C. G. Jung, der unser Leben mit dem Kreislauf der Sonne vergleicht. Um 12 Uhr Mittag haben wir unseren Zenit erreicht und von da an beginnt die Sonne unterzugehen. Diesen Zenit habe ich längst überschritten, das letzte Viertel, so Gott will, habe ich schon beschritten. Manchmal habe ich mir das auch aufgezeichnet und die Stelle markiert, in der ich mich gerade befinde, wenn ich davon ausgehe, dass ich vielleicht insgesamt 85 Jahre alt werde.

Meistens kann ich gut damit leben. Auch hilft mir das, mir vorzustellen, dass unser Leben unausweichlich seinen Gang geht und es einfach gut ist, mich diesem Lauf anzuschließen, nicht zu versuchen, was ja ohnehin nicht möglich ist, ihn zu verlängern oder zu stoppen. Da helfen mir wie schon gesagt Worte wie: „Wer sich einmal dem Schicksal überlassen hat, der ist befreit." Dann werde ich ganz ruhig, und Gelassenheit stellt sich bei mir ein. Ich spüre dann regelrecht, wie mich das Leben mitnimmt, ohne dass ich etwas dafür tun muss, und ich lasse mich einfach mitnehmen.

Doch wenn ich dann durch den Tod lieber Menschen mit unserer Endlichkeit konfrontiert werde, spüre ich, wie mich

Unruhe ergreift. Dann ist es nicht so einfach, sich dem Schicksal einfach zu überlassen. Ich denke an Karlheinz, Rita und Hermann, die in der letzten Zeit gestorben sind und die sogar jünger waren als ich. Ihr Tod macht mich traurig und geht mir nahe: auch insofern nahe, als er mir *nahe rückt*. Als ich dieser Tage erfuhr, dass mein alter Lehrer Erwin Zehentmeier starb, war ich zwar für einen Moment traurig, doch ich konnte auch sagen: Er hat sein Leben mit über 80 Jahren gelebt. Dann ist es auch irgendwann an der Zeit zu gehen, und man kann vielleicht auch gut gehen, vor allem, wenn man vorher wirklich gelebt hat. Eine Frucht, die reif ist, die fällt einfach vom Baum.

Mit 65 Jahren, so hört man immer wieder, ist man heute nicht mehr alt, und ich würde von mir sagen, ich stelle zwar fest, dass ich für manches länger brauche, dass ich länger nachdenken muss, ansonsten aber das, was ansteht, gut hinbekomme. Ja, dass ich den Eindruck habe, in vielen Bereichen, es vielleicht sogar besser hinzubekommen, souveräner aufzutreten, gelassener und dadurch auch entspannter aufzutreten.

Sich dem Leben zuwenden, ohne sich vom Tod abzuwenden

Ich wende mich weiterhin voll dem Leben zu, ich wende dabei aber auch den Blick nicht vom Tod ab. Ich habe das schon früher versucht, merke, dass ich es jetzt aber noch mehr tun muss und auch tun will. Ich mache mir nichts dahingehend vor, dass die Sonne in meinem Leben längst ihren höchsten Stand überwunden hat, dass sie nicht länger aufsteigt, sondern unablässig sinkt.

Immer wieder fallen mir Personen ein, die in meinem Alter oder jünger sind und die gestorben sind: Margret, die es genoss, mit mir im VW-Cabriolet zu fahren, und an einer unheilbaren Krankheit starb, Hermann, der mit mir nach Boli-

vien reisen wollte und plötzlich tot umfiel, Karlheinz, dem ich noch etwas von meiner letzten USA-Reise mitbrachte und der an einem Herzinfarkt verstarb, Magda, die ich in meiner Studienzeit in Berkeley kennenlernte und die bei einem Verkehrsunfall zu Tode kam. Mir fallen die Worte aus Psalm 103 ein:

Der Mensch – wie Gras sind seine Tage,
wie die Blume des Feldes, so blüht er.
Fährt der Wind darüber, ist sie dahin,
der Ort, wo sie stand, hat sie vergessen.

Ich trauere um ihren Tod, sehe sie vor mir, denke an die letzten Begegnungen. Von ihnen geht zugleich ein Appell an mich aus: mein Leben ganz zu leben, es nicht zu schnell abzuschließen, nicht so zu tun, als wenn alles schon gelaufen wäre. Dabei komme ich mit einer offensichtlich tief in mir eingenisteten Angst in Berührung, die ich am ehesten als Todesangst ausmachen kann. Ist es die Angst vor dem Tod – die geschürt wird von der Angst vor dem Leben? Oder verhält es sich umgekehrt, dass die Angst vor dem Tod die Angst vor dem Leben schürt? Wie auch immer. Ich weiß: Ich kann der Angst vor dem Tod nur begegnen, wenn ich dieser Angst, wenn ich dem Tod ins Gesicht sehe. Wenn ich mir dahingehend nichts vormache, dass es ihn gibt und er auch mich ereilen wird. Wenn ich nie vergesse, dass er mein ständiger Begleiter ist. Ich werde die Angst vor dem Tod nur dann besiegen, wenn ich mit ihm lebe. Wenn ich aufhöre, mit ihm zu kämpfen. Wenn ich Freundschaft mit ihm schließe, ihn umarme. Und da hilft mir der nächste Satz des zitierten Psalms:

Doch die Liebe des Herrn währt immer und ewig
Über denen, die ihn fürchten.

(AUS MEINEM TAGEBUCH)

Ich will mich meiner Endlichkeit stellen. Ich will das nicht tun, um mich durch den Gedanken daran herunterziehen zu lassen. Ich will es auch deswegen tun, weil ich mir dann nichts vormache. Denn die Todesangst, die Auseinandersetzung mit unserem Ende, lässt sich ja nicht einfach verdrängen. Sie hält sich dann im Hintergrund und Untergrund auf und macht sich dort bemerkbar. Sie zeigt sich dann in diffusen Ängsten und depressiven Stimmungen.

„Alles vergeht, Gott aber bleibt"

„Alles vergeht, Gott aber bleibt", steht auf einem Gebetszettel, der der heiligen Teresa von Avila so kostbar war. Alles vergeht, Gott aber bleibt. Er vergeht nicht. Sich dem Rhythmus des Lebens zu überlassen, kann daher für uns auch heißen, uns Gott zu überlassen, ist es doch sein Rhythmus, der Rhythmus, der von ihm vorgegeben ist. Sich dem Rhythmus des Lebens zu überlassen, lädt uns ein, uns in Gott zu verankern, uns an ihm festzuhalten, festzumachen, uns von ihm mitnehmen zu lassen, dahin, wohin er uns führen will.

Den Rhythmus unseres Lebens können wir nicht bestimmen. Uns bewusst auf ihn einzulassen, das entscheiden wir. Da beginnt Glauben, da wird er ernst. Todernst. Weil es jetzt darum geht, uns ohne irgendwelche Absicherung, ohne irgendwelche Hintertürchen, ohne Wenn und Aber einer größeren Macht, Gott, zu überlassen, was immer auch geschehen wird. Im Vertrauen darauf, dass ER es richten wird, dass es in seinen Händen liegt.

Ich hatte von der Dame in Schwarz gesprochen, die uns in der Zeit des Übergangs besuchen kann und uns ermutigt und ermahnt, uns wirklich zu verabschieden von allem, was jetzt nicht mehr ist. Meine Erfahrung ist, dass die Dame in Schwarz uns in einer solchen Zeit des Übergangs, der am späten Nachmittag oder gar Abend des Lebens stattfindet, auch an das erinnern will, was in Psalm 39 so einfach und so klar in Worte gefasst wird:

„Nur spannenlang hast du meine Tage gemacht
Meine Lebenszeit ist vor dir wie ein Nichts.
Ein Hauch nur ist alles, was Mensch heißt."

Die Dame in Schwarz will mich an meine Endlichkeit erinnern

Die Dame in Schwarz will mich an meine Endlichkeit erinnern. Die Tatsache, dass ich die letzte Lebensetappe angetreten habe, mag dabei auch eine Rolle spielen, wird dadurch doch die Tatsache meiner Endlichkeit unterstrichen. Die Traurigkeit zwingt mich dazu, nichts zu verdrängen. Sie schiebt die Decke oder die Steinplatte, die ich über den Abgrund meines Seins gelegt habe, zur Seite, sodass ich in den Abgrund schauen muss. Den Abgrund ins Nichts.

Mir hat die Beschäftigung mit der Todesangst, auch meiner eigenen Todesangst, sehr geholfen, mich diesem Abgrund zu stellen. So weiß ich persönlich und als Psychotherapeut, wie sehr wir bemüht sind, diesen Abgrund zu überdecken und zu kaschieren, in dem wir unser Leben mit Beziehungen und Beschäftigungen drapieren. So natürlich diese Verdrängungsleistung auch ist, darunter wummert die Todesangst. Wir klammern uns an eine höhere Macht, glauben an ein ewiges Leben, versuchen, darin Trost zu finden, doch, so zumindest die Auffassung von Irvin D. Yalom, in Wirklichkeit ist da nichts.

Nun glaube ich an Gott und weiß gerade in solchen Situationen, wenn ich wie durch den Eintritt ins Rentenalter an meine Endlichkeit erinnert werde und dabei mit meiner Angst vor dem Tod konfrontiert werde, um die Bedeutung und die Hilfe, die das Beten und die Verankerung in Gott haben. Das ändert aber nichts daran, dass ich in solchen Momenten mit dem Abgrund, dem Nichts, konfrontiert werde, dass der Blick hinein mir nicht erspart bleibt. Die Kräfte und Mechanismen, die mich sonst davor schützen, sind jetzt lahmgelegt oder wie ausgeschaltet. Dann aber ist alles in mir und um mich herum von diesem Blick in den Abgrund eingefärbt. Ich sehe die Menschen um mich herum, die unbeschwert sind, die lachen, sich freuen, das Leben, ihr Eis genießen, sich an dem sonnigen Tag erfreuen, doch mir selbst ist schwer ums Herz.

Ich weiß, dass sich in diesen Phasen ein Filter über meine Wahrnehmung gelegt hat, der mich alles verfinstert sehen lässt. Aber ich kann diesen Filter nicht einfach auf die Seite legen und will ihn auch nicht immer einfach ablegen. Denn ich mache auch die Erfahrung, dass mich die Begegnung mit der Dame in Schwarz mit meiner tiefen Traurigkeit und mich mehr mit mir selbst in Berührung bringt. Sie holt mich zu mir selbst zurück. Zu dem, was mir wirklich wichtig ist oder wichtig sein sollte. Ja, was wirklich wesentlich ist. Ich werde mit einer Wirklichkeit konfrontiert, die nicht unbedingt schön ist, die nicht attraktiv ist, die aber damit nicht weniger real ist. „Wir sind von einer stabilen Welt trauter Gegenstände und Institutionen umgeben", schreibt Irvin D. Yalom (2005, 424f.), aber „es gibt Momente, in denen der Vorhang der Realität für einen Augenblick lang geöffnet wird und wir einen Blick auf die Maschinerie hinter den Kulissen werfen (...) und wir aus der Verankerung des ‚Zu-Hause-Seins' gerissen werden", in denen wir mit unserer Bodenlosigkeit konfrontiert werden. Wir schauen in diesem Moment tiefer unter die Oberfläche, und was wir da sehen und spüren, ist noch einmal etwas anderes als das, was wir auf der Oberfläche erfahren.

Wesentlicher werden

Das aber macht etwas mit mir, es verändert, verwandelt mich. Diese Erfahrung trägt dazu bei, mein Leben wesentlicher zu sehen. So kann es auch gut sein, dieser Erfahrung, bei der ich dem Abgrund ins Gesicht sehe, für eine Weile ausgesetzt zu sein. Allerdings nur für eine Weile, weil es uns vermutlich sonst in die Verzweiflung treiben würde. Es ist dann auch wieder gut, an der Oberfläche leben zu können und leben zu dürfen. Bis die Dame in Schwarz uns wieder besucht, wenn wir dabei sind, nur oberflächlich zu leben, um uns daran zu erinnern, dass das nicht alles ist und: „Ein Hauch nur ist alles, was Mensch heißt."

Ich suche in dieser Phase des Übergangs, die mich mit meiner Endlichkeit konfrontiert, nach tröstlichen Worten. Ich bin, wenn ich etwas lese, besonders empfänglich dafür, mich von einem Wort, einem Satz, einem Gebet und vor allem einem Psalmwort ansprechen und berühren zu lassen. So ergeht es mir, als ich am Morgen beim Psalmengebet wieder einmal auf den von mir so geliebten Psalm 73 treffe, von dem ein Vers auch auf dem Grab von Martin Buber eingemeißelt ist. Da heißt es:

„*Gott, ich bleibe immer bei dir,*
Du hältst mich an meiner Rechten.
Du leitest mich nach deinem Ratschluss
Und nimmst mich am Ende auf in Herrlichkeit.
Was habe ich im Himmel außer dir?
Neben dir erfreut mich nichts auf der Erde.
Auch wenn mein Leib und mein Herz verschmachten,
Gott ist der Fels meines Herzens und mein Anteil auf ewig.
Ja, wer dir fern ist, geht zugrunde.
Ich aber – Gott nahe zu sein, ist mein Glück.
Ich setze auf Gott, den Herrn, mein Vertrauen.
Ich will all deine Taten verkünden."
(Psalm 73,23–27a.28)

Das Leben ist kurz, zu kurz. Wir leben für die Ewigkeit. Der das sagt, wird in wenigen Wochen 90 Jahre alt. Es ist John Eudes Bamberger, Altabt des Trappistenklosters Genesee im Staat New York. Er begleitete Thomas Merton und Henri Nouwen. Er war etwas über 20 Jahre alt, als er sich von seiner damaligen Braut trennte und Merton und Nouwen ins Kloster eintraten, um für die Ewigkeit zu leben, im Bewusstsein, dass das Leben zu kurz ist und es deshalb noch ein anderes Leben geben muss. Ein Leben nach dem Leben, ein Leben jenseits dieses Lebens.

Auch ich glaube, dass es ein Leben jenseits dieses Lebens, das wir täglich leben, gibt. Man mag es das verborgene Leben, die spirituelle Welt nennen. Ich glaube, dass ich nach diesem Leben auf irgendeine Weise mit Gott verbunden bleibe, wie es für mich auf so einzigartige Weise in Psalm 73 zum Ausdruck kommt.

So ist vor wenigen Tagen mein Kollege Werner gestorben, der mir den Weg nach Freiburg ebnete und dem ich viel verdanke. Ich hatte ihn einige Tage zuvor, nachdem mich seine Kinder informiert hatten, dass er im Sterben liegt, angerufen. Tatsächlich ging er ans Telefon. Jedes Wort, das er mit mir sprach, fiel ihm sehr schwer, und er meinte, er werde mir mehr erzählen, wenn alles vorbei ist. Ob er dachte, dass er noch mal gesund wird? Oder meinte er vorausahnend, dass es bald so weit ist, dass er mir danach, wenn er gegangen ist, im Traum begegnen und mir dort erzählen wird, was er mir jetzt nicht mehr sagen konnte, oder spätestens im Himmel, wenn wir uns dort begegnen werden?

Mich spricht an, was C. G. Jung über den Tod schreibt: „Von außen gesehen und solange wir außerhalb des Todes stehen, ist er von größter Grausamkeit. Aber sobald man darin steht, erlebt man ein so starkes Gefühl von Ganzheit und

Frieden und Erfüllung, dass man nicht mehr zurückkehren möchte."

(Aus meinem Tagebuch)

Doch wichtiger ist für mich das Bewusstsein, jetzt schon, in diesem Leben, an das Grenzenlose, an Gott, angeschlossen zu sein. Ich bin jetzt schon mit dem Leben verbunden, dem ewigen Leben, das nach meinem Leben beginnt oder beginnen soll. Hilft mir diese Überzeugung in meiner gegenwärtigen Situation? Es hilft mir, wenn ich das spüre, wenn ich das erfahre. Wenn ich diese Vorstellung tief in mich hineinwirken lasse. Dann macht es für mich auch keinen großen Unterschied, ob ich in diesem Leben lebe und dabei an das Grenzenlose angeschlossen oder bereits dem Grenzenlosen übergeben worden bin. Diese Erfahrung kann ich fördern, indem ich mich bedingungslos dem Grenzenlosen übergebe.

Dann lasse ich alles hinter mir, was bisher zu mir gehörte, angefangen von den Menschen, die mir nahe sind und an denen ich mich festhalte, bis hin zu meinem gesellschaftlichen Status, meinen Erwartungen und Ansprüchen, die hinter mir zurückbleiben. Wenn ich diese Vorstellung zulasse, regt sich eine Seite in mir, die sich dagegen auflehnt, die das nicht will. Sie droht mir, mir wehzutun, wenn ich das zulasse. Es meldet sich mein Ego, dem das nicht schmeckt. Doch es gibt auch die Seite in mir, die bei dieser Vorstellung, das alles hinter mir zu lassen, in mir aufatmet. Sie ermutigt mich, einfach weiterzugehen, ohne zurückzuschauen, mich dem Sog zu überlassen, der von der Ewigkeit ausgeht. Sie ruft mir zu: Lasse dich einfach mitnehmen von dieser Strömung, im Bewusstsein, dass alles vergeht, dass man den Fluss des Lebens nicht aufhalten kann. Ich bin gut beraten, nicht zu versuchen, mich dem Strom zu entziehen. Wie sollte ich das auch anstellen?

Dann kann ich voller Zuversicht sagen: *In manus tuas pater, commendo spiritum meum* (In deine Hände, Vater, übergebe ich meinen Geist). *Ich übergebe mein Leben, mich, in deine* Hände. Irgendwann kommt der Augenblick, bei dem wir aus unserem Innersten heraus spüren: Es ist gut so, wie es ist. Das Fragen, Überlegen, Suchen ist an ein Ende gekommen. Zumindest für den Augenblick. Ruhe kehrt ein. Ein Gefühl von Harmonie macht sich breit. Ja, es ist gut so, wie es ist.

> *„Mein Herr und mein Gott! Ich weiß nicht, wohin ich gehe. Ich sehe den Weg nicht, der vor mir liegt. Ich weiß nicht sicher, wohin er führt. Auch kenne ich mich im Grunde selbst nicht recht. Und obwohl ich glaube, Deinem Willen zu entsprechen, bedeutet das noch nicht, dass ich ihn tatsächlich erfülle. Ich glaube aber, dass das Verlangen, Dir zu gefallen, Dir im Grunde wohlgefällig ist. Ich hoffe, dass ich in allem, was ich tue, diesem Verlangen treu bleibe. Ich hoffe, dass ich niemals etwas tun werde, das außerhalb dieses Verlangens liegt. Wenn ich so handle, weiß ich, dass Du mich auf den rechten Weg führen wirst, auch wenn ich ihn gar nicht kenne. Deshalb will ich mein Vertrauen jederzeit in Dich setzen, obwohl es mich zuweilen dünkt, verloren zu sein und im Schatten des Todes zu weilen. Ich will mich nicht fürchten, denn Du bist ja bei mir, und inmitten der Gefahren, die auf mich eindringen, verlässt Du mich nie."*

(Merton 1976, 114)

Sei gelassen

„Der Mensch gleicht einem Hauch, seine Tage sind wie ein flüchtiger Schatten." (Psalm 144,5) Wir sehnen uns nach der Fülle des Lebens, um immer wieder festzustellen, dass wir nur einen Schluck davon abbekommen. Der Psalmvers erinnert uns daran, dass unsere Sehnsucht nach einem Leben in Fülle, unser

Eifer für das Leben, eingebunden ist in die Erfahrung, dass wir nur Gast auf Erden sind. Diese Einsicht muss aber nicht zu einer negativen Einstellung zum Leben führen.

Ich betrachte sie vielmehr als eine Einladung, sich dem Rhythmus des Lebens zu überlassen. Wir kommen und wir gehen. Daran ist nichts zu ändern, und daran können und werden wir auch nichts ändern, sosehr wir es manchmal auch versuchen. Uns ergeht es wie der Blume, die aufblüht und dann verblüht. Alles Leben ist der Vergänglichkeit unterstellt. Das kann uns rasend machen, wir können versuchen, uns dagegen aufzulehnen, können versuchen, das Leben zu verlängern, den Tod hinauszuzögern. Aber am Ende wird er uns doch ereilen.

Oder aber wir können es einfach akzeptieren und in dieser Einstellung unserem Leben begegnen und unser Leben leben. Dann gilt, was so einzigartig im Buch Kohelet beschrieben wird: Es gibt eine Zeit zum Lachen, und es gibt eine Zeit zum Weinen. Wenn es Zeit ist zu weinen, dann sollen wir weinen. Wenn es an der Zeit ist zu lachen, dann sollen wir einfach lachen. Es bringt nichts, das Leben zu stoppen, zu versuchen, den ewigen Rhythmus zu unterbrechen. Es wird uns nicht gelingen. Dieser ewige Rhythmus ist uns vorgegeben. Das Beste, was wir tun können, ist, uns von diesem ewigen Rhythmus einfach mitnehmen zu lassen. Jenem ewigen Rhythmus, der in der Ewigkeit beginnt und uns in die Ewigkeit hinüberführen wird.

Begegnen wir unserem Leben in dieser Haltung, stellt sich Gelassenheit ein. Dann wissen wir, dass wir nach wie vor vieles organisieren und richten müssen, uns um dieses oder jenes kümmern müssen, dass unser Leben zugleich aber umfangen und eingebunden ist in den nie endenden Rhythmus, der in allem, was wir tun, unausweichlich seinen Gang geht – bis zum Ende. Das Büchlein *Gelassenheit* von Wilhelm Schmid ist das bestverkaufte Buch des Jahres 2015. In einer Zeit, die geprägt ist von großen persönlichen, gesellschaftlichen und politischen Herausforderungen, merken wir zunehmend, dass wir zur Ruhe, zur Gelassenheit finden müssen, wollen wir nicht verrückt werden. Manchmal ist dafür ein Rückzug in die private Welt verbunden, letztlich geht es aber darum, zu einer gelasseneren Einstellung zu finden, die uns hilft, die Schwierigkeiten des Lebens besser bewältigen zu können.

Was ich Ihnen an die Hand geben möchte:

Im 2. Korintherbrief (4,16–17) heißt es: „Darum werden wir nicht müde, sondern wenn auch unser äußerer Mensch verfällt, so wird doch der innere von Tag zu Tag erneuert. Denn unsere Trübsal, die zeitlich und leicht ist, schafft eine ewige und über alle Maßen gewichtige Herrlichkeit." Ich habe gute Erfahrungen damit gemacht, mich immer wieder meiner Endlichkeit zu stellen, weil ich weiß, dass mein Innerstes ohnehin sich ständig damit auseinandersetzt. Der Ruhestand bietet sich an, innezuhalten, sich mit seiner Endlichkeit auseinanderzusetzen, nicht um noch trauriger zu werden, sondern dadurch motiviert zu werden, noch bewusster zu leben. Ja, es ist so, dass wir unentwegt wie die Sonne sinken, um dann ganz zu verschwinden, freilich, so jedenfalls meine Überzeugung, um auf eine andere Weise wieder aufzusteigen, in einer anderen Welt, einer anderen Sphäre. Wir bleiben dann nicht in unserer Traurigkeit hängen, wenn uns bewusst wird, dass es immer weniger Jahre werden, die uns nach menschlichem Ermessen beschieden sind. Wir wissen dann ihre Kostbarkeit zu schätzen, ohne den Tod durch übertriebenen Aktionismus zu überspielen. Wir arbeiten nicht gegen ihn an, weil wir denken: Solange wir aktiv sind, ist es noch nicht so weit. Wir leben in Gelassenheit unser Leben und wenn es so weit ist, sind wir bereit zu gehen – der ewigen und über alle Maßen gewichtigen Herrlichkeit entgegen.

Epilog

Als ich mit unserem Hund – es ist noch vor 7 Uhr in der Frühe – nach draußen gehe, begrüßt mich ein sternenklarer Himmel. Die Flugzeuge haben lange Spuren hinterlassen und am Himmel ein Bild von einer breiten Straße, die von einem Pfad durchkreuzt wird, gezeichnet. Es spricht mich sofort an. Fasziniert betrachte ich es. Es kommt mir wie ein Zeichen vor. Doch wofür? Die breite Straße ist vorherrschend. Sie gibt die Richtung an. Ihr folge ich. Ihr werde ich folgen. Der Pfad, der die Straße durchquert oder überquert, er stört nicht. Er trägt vielmehr dazu bei, dass das Ganze wirklich zu einer Gestalt, zu einem Bild wird. Es wirkt wie das Emblem einer Autofirma. Da könnte ich jetzt nachforschen, ob es für ein bestimmtes Symbol steht. Doch das ist mir im Moment nicht so wichtig.

Ich gehe in den Morgen, in der Ferne deutet sich der Sonnenaufgang an. Ich breite meine Hände aus und bete. Erbitte Gottes Segen für mich, die Wege, die mir bevorstehen. Ich bitte um Gottes Segen für meine Familie, für das Recollectio-Haus, für die Welt, die Menschen, die heimatlos umherirren.

Ich versuche innezuhalten und mit Gott, meinem großen DU, in Kontakt zu kommen. Ich habe die Erfahrung gemacht, dass es gut ist, meinen Übergang immer wieder unter den Segen Gottes zu stellen, mit Gott in Kontakt zu treten, mich ihm einfach hinzuhalten und mir dabei bewusst zu werden: Wie meine Seele ist auch ER mein ständiger Begleiter, auf den ich mich genauso, wie ich es bei meiner Seele tue, unbedingt, also bedingungslos, verlassen kann.

(AUS MEINEM TAGEBUCH)

I am old, but I am happy

Cat Stevens hat einen sehr berührenden Text geschrieben, in dem er die Rolle eines Vaters einnimmt, der seinen Sohn tröstet, der offensichtlich durch eine schwierige Phase geht. Ich hörte den Text bewusst das erste Mal im Radio auf der Fahrt zur Arbeit. Ich weiß nicht mehr genau, welche Worte es waren, die mich plötzlich hellhörig machten und mich genau hinhören ließen. Doch jetzt hatte der Text mich in seinen Bann gezogen und berührte mich tief.

Look at me

I am old, but I am happy

„Schau auf mich/Ich bin alt, doch ich bin glücklich", heißt es da. Genauso ist es, ging es mir durch den Kopf. Ich bin alt, mit meinen 65 Jahren, auch wenn manche meinen, dass man da noch nicht so alt sei. Ich bin alt, und es ist gut so. Ich denke an den Mann, dem ich ab und zu in der Sauna begegne, der mich mit „junger Mann" anspricht. Er ist vielleicht etwas über 70 Jahre alt und klagt darüber, dass er gerne jünger wäre. Er unternimmt dreimal im Jahr große Reisen, nutzt die Zeit, in der er das noch alles bewerkstelligen kann, und ich gönne ihm das. Es ist aber nicht meine Art, alt zu werden und meine Zeit im Alter zu verbringen. Nicht dass ich nicht auch gerne reise, dass es mich nicht an Orte zieht, die ich mit guten Erinnerungen verbinde, wie etwa Kalifornien. Ich würde auch gerne einmal St. Petersburg, Sri Lanka oder überhaupt Asien mit seiner buddhistischen und hinduistischen Tradition erleben. Aber es muss nicht sein.

> I am old, but I am happy

Es ist kein schreiendes Glück. Es ist ein leises Glück, das ich empfinde. Ein Glück, das mich einlädt, innezuhalten.

> Just sit down, take it slowly

„Setz' dich hin, gehe es langsam an." Das tue ich. Das versuche ich zu tun. Mich hinzusetzen, mir Zeit zu nehmen, nachzudenken, die Reise nach innen anzutreten, in Erinnerungen einzutauchen. Dabei begegne ich auch dem Jungen in mir, der durch schwierige Phasen gehen musste, der weinte.

> Keeping all the things I know inside

„Alles, was ich wusste, bewahrte ich in meinem Inneren auf." Um Erinnerungen zu bewahren, muss man sich Zeit für sich selbst nehmen, man muss sich seiner Innenwelt zuwenden können. Dann sieht man auch, dass es in wichtigen Lebensphasen Muster gibt, die sich wiederholen:

> It's always been the same
>
> Same old story

„Es ist immer das Gleiche/die gleiche alte Geschichte." Auch jetzt, wo ich mich im Übergang zu einer neuen Lebensphase befinde, muss ich das Abschiednehmen und Loslassen lernen. Ich weiß:

>That I have to go away

>I know I have to go

Ich weiß also, „dass ich weggehen muss, dass ich gehen muss". Dabei muss ich akzeptieren, dass ich das Ziel der Reise nicht kenne:

>It's them they know, not me

„Sie wissen es, nicht ich", singt Stevens, wer immer auch mit *them*, mit *denen* gemeint ist. Sind die Zeiten, das Schicksal, eine höhere Macht, Gott gemeint? Auch wenn wir uns hier nicht sicher sein können, wohin uns unser Weg führt, müssen wir das Gewesene loslassen. Wir gehen im Vertrauen, dass wir am Ende – und sei es über Umwege – ankommen, wo wir ankommen sollen. Cat Stevens' Song klingt in mir nach und begleitet mich. Er tröstet mich. Von ihm geht etwas Heilendes aus, das mich ruhig und gelassen sagen lässt:

>I am old, but I am happy

Literatur

Angeles Arrien: The Second Half of Life. Opening the Eight Gates of Wisdom, Boulder, Colorado (Sounds True) 2007
John Cook: The Book of Positive Quotations, Minneapolis (Fairview Press) 1997
Karlfried Graf Dürckheim: Voslimm doppelten Ursprung des Menschen. Als Verheißung, Erfahrung, Auftrag, Freiburg (Herder) 1984
Wilson van Dusen: Usefulness. A Way of Personal and Spiritual Growth, West Chester (Swedenborg Foundation) o. J.
Meister Eckhart: Deutsche Predigten und Traktate. Hg. und übersetzt von Joseph Quint, Zürich (Diogenes) 1979
Anselm Grün: Lob der sieben Tröstungen, Freiburg (Herder) 2012
Romano Guardini: Stationen und Rückblicke/Berichte über mein Leben, Mainz Paderborn (Grünewald) 1985
C. G. Jung: Erinnerungen, Träume und Gedanken, Zürich (Walter) 1990
Ders.: Ein großer Psychologe im Gespräch, Freiburg (Herder) 1994
Matthias Jung: Mut zum Ich. Auf der Suche nach dem EigenSinn, München (Verlag?) 2004
Jiddu Krishnamurti: Ausgewählte Texte, München (Goldmann) 1988
Erika Lorenz: Weg in die Weite. Die drei Leben der Teresa von Ávila, Freiburg (Herder) 1999
Sir Jan McKellen: Interview in der Frankfurter Allgemeinen Sonntagszeitung, Nr. 52, vom 27. 12. 2015
Thomas Merton: The intimate Merton. His Life from His Journals, New York (A Lion Book) 1999
Ders.: Niemand ist eine Insel, Zürich (Benzinger) 2005
Ders.: Meditationen eines Einsiedlers. Über den Sinn von Meditation und Ein-

samkeit, Zürich (Benzinger) 1976
Håkan Nesser: Elf Tage in Berlin, München (btb Verlag) 2015
Henri Nouwen: Das letzte Tagebuch, Freiburg (Herder) 2000
John O'Donohue: „Fluent", Conamara Blues, New York (HarperCollins) 2001
P. D. Ouspensky: In Search of the Miraculous, New York (Harcourt Brace Jovanovich) 1949
Plotin: Die Enneaden. Band 1, (Verlag?) Berlin 1878
David Steindl-Rast: Mönch des Rates – Mönch der Lehre, in: Christ in der Gegenwart Nr. 29/2016, 323
Ingrid Riedel: Die innere Freiheit des Alterns, Ostfildern (Patmos) 2004
Teresa von Avila: Die innere Burg, Zürich (Diogenes) Jahr?
Rainer Maria Rilke: Briefe an einen jungen Dichter, Leipzig (Insel) 1929
Henry David Thoreau: Walden oder Leben in den Wäldern, Zürich (Diogenes) 1979
Ders.: Aus seinen Tagebüchern 1837–1861, hg. von Susanne Schaup, Oelde (Tewes Verlagsbuchhandlung) 1996
Heinrich Thiek (Hg.): Wenn ein Blatt sich bewegt, kann auch der Ast erzittern. Gedanken chinesischer Weiser, Wien (W. Scheuermann) 1939
Andrew Weil: Aging naturally, in: TIME Oktober 2005, 48–56
Irvin D. Yalom: Existentielle Psychotherapie, Bergisch Gladbach (EHO) 2005

Die Kunst des Älterwerdens

Erni Kutter
Jahre, die uns geschenkt sind
Eine Spiritualität des Älterwerdens
für Frauen

144 Seiten
Paperback, 14 x 22 cm
ISBN 978-3-8436-0717-9

Auch als eBook

Erni Kutter entwirft eine Spiritualität des Älterwerdens mit Blick auf die Erfahrungen und Bedürfnisse von Frauen, die ihre »geschenkten Jahre« bewusst erleben und gestalten wollen.
Sie entdeckt weibliche Vorbilder in der Geschichte und Mythologie wie auch im Leben und den Netzwerken sozial engagierter Frauen von heute. Verbundenheit mit anderen Menschen, mit der Natur und mit spirituellen Kräften inspirieren, das Älterwerden als Chance zu innerem Reifen und Wachsen zu verstehen und anzunehmen. So entsteht das Bild einer Alterskultur für Frauen, die beherzt Ja sagen zu Stärke und Schwäche, zu Selbstbestimmung und Hilfsbedürftigkeit, zu den hellen und dunklen Seiten im Herbst des Lebens.

www.patmos.de